보건교사 마음

현직 보건교사의 솔직 담백한 마음 공유

보건교사 마음

초판 1쇄 발행 | 2023년 12월 8일

지은이 | 최미숙, 최소정, 전예지, 나애정
펴낸이 | 김지연
펴낸곳 | 생각의빛

주 소 | 경기도 파주시 한빛로 70 515-501
출판등록 | 2018년 8월 6일 제 406-2018-000094호

ISBN | 979-11-6814-058-5 (03190)

원고 투고 | sangkac@nate.com

ⓒ최미숙, 최소정, 전예지, 나애정, 2023

* 값 14,500원

* 생각의빛은 삶의 감동을 이끌어내는 진솔한 책을 발간하고 있습니다. 참신한 원고가 준비되셨다면 망설이지 마시고 연락주세요.

보건교사 마음

현직 보건교사의 솔직 담백한 마음 공유

최미숙, 최소정, 전예지, 나애정 지음

생각의빛

제3장 함께 일하고 있습니다

제4장 보건교사, 이제 책으로 말하자

제1장
나의 키오스크를 찾아서

최미숙

보건교사로 살아간다는 것

2011년 2월 28일 어깨에 놓여있던 반짝이는 다이아몬드 세 개의 계급장을 내려놓던 날이다. 아름답게 빛나는 다이아몬드지만 돌덩이의 무게감을 가진 간호장교라는 직함을 내려놓고 민간인이 된 날이기도 하다. 빨리 집으로부터 독립하고 싶었던 고3 시절, 국군간호사관학교를 알게되었고 4년간의 생도 생활을 마치고 간호장교로 임관하였다. 2~3년에 한 번씩 전국적으로 이동하며 근무지를 변경해야 하는 떠돌이 생활이 가족이 생기며 버거워졌다. 국가 위기 상황이면 스프링처럼 일어나 부대로 복귀하여 나의 위치에서 비상 상황 매트릭스에 따라 움직인 숨 가쁜 나날이었다. 2011년 드디어 어깨의 계급장을 내려놓은 가뿐함과 자유로움을 가득 안고 생도 생활 포함 14년의 간호장교 생활에 큰 마침표를 찍었다.

　퇴역이 얼마 남지 않았을 때, 막상 10년 넘게 몸담은 조직을 떠난다고 생각하니 그동안 쌓은 다양한 임상경험이 아깝다는 생각이 고개를 들었다. 전직에 대한 고민을 머릿속에 도돌이표를 그려 놓은 듯 무한 반복하고 있었다. 간호부장님이 병실 라운딩을 오셔서 뜻밖의 말씀을 건네셨다.

　"최 대위, 다음 주에 동문 모임이 있는 데 참석할 생각 있나?"

　"동문 모임이요?"

　"우리 지역에 다양한 일을 하는 동문이 있으니 전직에 도움을 받을 수 있을 거야. 꼭 나오게."

　갈까 말까 많이 망설였다. 선배들과의 모임에 상관인 간호부장님까지 함께한다니 불편한 자리가 될 것 같아 내키지 않았다. 고민 끝에 자리의 불편함보다는 나의 미래를 위한 준비라고 생각하고 모임에 참석을 결심했다. 간호장교 생활을 각자의 이유로 마무리하고 전직에 성공한 선배님들의 직업은 다양했다. 간호직 공무원, 병원 간호부장, 건강보험공단 직원, 연금보험공단 직원 등 간호사 자격으로 다양한 분야에서 일하고 계신 선배님들을 만났다. 의료 관련 직종에서 간호사 자격으로 할 수 있는 일이 이리도 많을 줄은 예상하지 못했다. 군이라는 폐쇄된 조직에서 군대 밖 생활에 대해 생각해 볼 기회가 없었기 때문이다. 그중 단연 많은 직업은 보건교사였다. 초·중·고 보건교사로 일하는 선배님들의 이야기는 매력적으로 다가왔다. 근무시간이 불안정한 간호장교 생활에 비해 안정된 근무 시간과 방학까지 주어지는 직업의 장점이 귀에 쏙 들어왔다. 사실 그때까지 난 내가 보건교사 2급 자격을 가진 것을 잊고 있었다. 사관학교 시절 학과 일정대로 움직였을 뿐인데 나와 동기들은 그 당시 모두 보건교사 2급 자격을 취득했음을 퇴역을 앞두고 알게 되었다. 지금은 대학별로 간호학부생의 10~20%만 취득이 가능한 귀한 자격이라니 감사할 따름이다. 그날 중학교 보건교사로 일하고 계신 선배님이 나에게 중학교 기간제 보건교사 자리를 권하셨다. 그 중학교는 우리 집 아파트 바로 앞 1km 안 학군에 있는 곳이었다. 초·중·고 가 모여 있는 접근성이 좋은 중학교라 기간제 경력이 없는 내가 합격할 수 있을지는 미지수였다. 열심히 이력서를 준비해서 제출했고 운이 좋게 첫 기간제 보건교사를 2011년 2월 28일 퇴역 바로 다음 날 2011년 3월 1일 자로 시작하였다.

나의 첫 학교는 천 명이 넘는 큰 규모의 중학교였다. 보건실은 건물 1층 제일 끝 구석에 자리했고 생각보다 깨끗하고 넓었다. 전임 보건교사의 성격을 알 수 있었다. 업무 인수인계를 받긴 했지만 처음 접하는 학교 업무는 하루하루가 새로웠다. 3월 안에 마무리해야 하는 연간 계획서 업무가 제일 힘들었다. 전년도 계획서를 꼼꼼하게 줄을 그으며 읽었고 이해할 수 없는 부분은 따로 적어 전임 선생님께 한꺼번에 물어보려고 준비하였다. 학생들은 끝없이 보건실을 방문했고 새로운 보건교사에 관한 관심 때문인지 보건실은 쉬는 시간마다 문전성시를 이뤘다. 행정업무는 학생들이 하교한 후에나 가능했다. 난 누가 시키지 않았지만 계속 야근을 하고 있었다. 간호장교 시절은 3교대 병실 근무라 다음 근무자가 오면 인수인계하고 교대하며 업무가 명확하게 끝이 났다. 학교는 아무도 퇴근하라고 말하지 않았고 내 업무가 끝나면 자유롭게 퇴청하면 됐다. 군대처럼 관리자인 교장, 교감 선생님께 하는 일일 보고도 없었다. 새롭게 접하는 자율 퇴근 시스템에 익숙해지지 않았다. 뭔지 모를 불안감에 나는 계속 야근하며 3월 행정업무를 하고 있었다. 그날도 한창 야근하는 중 기간제 보건교사 자리를 소개해준 선배님께 전화가 왔다.

"후배님~ 잘 지내죠? 힘들거나 궁금한 것 있으면 언제든지 물어보세요."

난 마침 전화를 준 선배님께 궁금했던 질문들을 봇물 터지듯 물었고 차근차근 대답해주시던 선배님이 의아한 말투로 되물으셨다.

"후배님~ 혹시 아직 학교세요? 후배님~ 너무 조급해하지 마세요. 학교는 군대가 아니에요. 계획서 업무는 다음 주까지 해도 되고 학교 일은 칼로 무 자르듯 끝나는 일이 아니니 당장 보고해야 하는 급한 업무 아니면 천천히 해도 됩니다."

선배는 나의 군기 바짝 든 모습과 매일 야근 한다는 이야기를 듣고 껄껄 웃으시며 첫 보건교사 시절의 나를 다독여주셨다. 보건실은 내가 규정에 맞게 나의 속도로 운영하면 되는 업무 공간임을 인지하는 순간이었다.

  중학교 기간제 교사로 1년 6개월 근무하는 동안 학교에서 일어나는 안
전사고와 응급상황에 대처하며 10년간의 병원 임상경험이 큰 힘이 되었
다. 외과 병동 근무 경험은 급성 충수염, 기흉을 신체 검진만으로 찾아냈
고, 정형외과 근무 경험으로 손가락 절단 학생에게 덤덤히 초기 응급처
치를 할 수 있었다. 다이내믹한 기간제 교사 시절 중학교의 응급상황 경
험은 간호장교로 퇴역 후 제2의 직업으로 보건교사를 선택하겠다는 마
음과 교원임용 고시를 시작한 계기가 되었다. 그렇게 시작한 제2의 직업,
보건교사 경력이 어느덧 13년차가 되었다. 첫 기간제 교사 시절 매일 야
근하며 업무를 마무리하지 못하던 이야기에 웃음이 피식 흐른다. 학교라
는 공간에서 보건교사가 무슨 일을 하는지, 어떤 어려움이 있는지 공감
하고 이해할 수 있는 사람은 과연 몇이나 될까? 나 역시 처음 보건실 업
무를 시작할 때 누가 시키지도 않았고 해야 한다고 알려주지도 않았다.
다만, 공문으로 오는 지침에 근거하여 매뉴얼 대로 기한 내에 스스로 계
획하고 실행하고 결과 보고하면 되는 자율적인 시스템이었다. 글로 쓰니
간단해 보이지만 그 안에는 보건교사 고유의 업무이기에 그 업무에 대한
모든 책임은 오롯이 보건교사가 진다는 큰 전제가 숨어 있다. 보건교사
업무를 속속들이 알고 이해해 줄 수 있는 사람은 단연코 같은 학교 공간
에는 아무도 없을 것이다. 왜냐하면 보건교사에게만 주어지는 업무이기
때문이고 대부분의 학교에 보건교사는 한 명이기 때문이다.

2020년 전 세계를 강타한 코로나19를 경험하며 생긴 보건교사를 지칭하는 수식어가 있다. '학교의 유일한 의료인' 정말 부담되고 무거운 수식어이다. 보건실이라는 공간에서 감염병 대응계획을 세우고 코로나19 유증상 학생들을 만났다. 확진자 역학 조사를 하고 외로움과 공포 속에서 책임감과 사명감으로 3년의 시간을 보냈다. 3년의 세월은 하루하루 녹아내릴 것 같은 소진의 시간이 대부분이었다. 하지만 코로나19는 학교에서 보건교사로 살아간다는 것에 대한 많은 물음과 생각을 던져 주었다. 학교 구성원들과 교육청 지침을 근거로 학교 실정에 맞는 코로나19 대응계획을 세우며 극심한 부담감과 업무 갈등을 겪었다. 각 학교에서 대부분 혼자 근무하는 보건교사들과 온라인 네트워크를 통해 실시간 코로나19 지침과 방역 대책을 공유하며 어려움을 한 단계 한 단계 헤쳐 나갔다. 학교 구성원들과도 온앤오프 온라인(On & Off Online) 협업 시스템을 구축하여 실시간으로 시시각각 변하는 코로나19 정보를 공유하고 확진 발생 대처 및 역학 조사 업무를 원활히 수행하였다.

코로나19를 겪으며 보낸 3년의 세월은 보건교사의 중요성을 알리는 계기가 되었다. 학교의 규모와 학생 수에 상관없이 보건교사 1인 배치였던 학교보건법은 코로나19를 계기로 2022년 보건교사 2인 이상 배치 학교 기준을 신설하는 불씨가 되었다. 개인적으로는 방역 계획을 세우고 실무를 추진하며 학교 전체를 보는 눈이 생겼고 학교를 아우르며 업무를 진행하는 시야를 가지게 되었다. 오케스트라의 지휘자는 멋진 공연을 위해 연주의 속도, 강도, 리듬을 조절하고 연주자들을 이끈다. 학교에서 보건교사의 역할은 오케스트라의 지휘자와 같다. 학교의 응급상황에 대처하고 감염병 대책을 세우며 보건교육을 통해 학생들의 건강을 도모하는 아름답고 건강한 음악이 학교에서 울려 퍼지도록 지휘한다. 보건교사, 학교의 유일한 의료인이라는 책임감과 부담감을 부정할 수는 없다. 하지만 보건교사 네트워크를 통한 연대, 학교의 구성원들과 함께라면 난해한 악보의 연주도 가능하다. 학생들과 아름답고 건강한 곡을 연주하고 즐길 수 있는 오케스트라 지휘자의 마음가짐을 담아 보자. 보건교사로 살아간다는 것! 지휘자의 삶을 닮은 학교의 구성원으로 아름다운 음악이 학교에 울려 퍼지도록 오늘도 보건실 문을 활짝 열어 본다.

조용히 산소를 만드는 아마존처럼

보건교사로 근무하며 자주 듣는 이야기가 있다.

"보건 선생님은 참 좋겠어요. 이 넓은 공간을 혼자 쓰잖아요."

과연 나는 누군가의 말처럼 넓은 보건실 공간을 좋아했을까? 1,000명이 넘는 중학교에서 기간제 교사로 학교라는 조직에서 근무를 시작했다. 화장실 갈 틈도 없이 밀려드는 학생들을 처치하고 급식시간 밥이 코로 넘어가는지 입으로 넘어가는지 모르는 식사를 했다. 학생들 하교 후에는 쌓여 있는 행정업무를 처리해야 했다. 보건교사 일이 녹록치 않다는 사실을 체감했다. 출근부터 퇴근까지 언제 일어날지 모르는 응급상황에 대처하느라 보건실을 벗어날 수 없는 나에겐 타 교과 교사들이 수업 외에는 자유롭게 관리하면 되는 학교생활이 부러울 따름이었다. 특히 점심 급식 후 삼삼오오 모여 학교 주변을 산책하는 선생님들 모습을 창밖으로 볼 때면 보건실이란 공간 안에 갇혀 있다는 사실에 가슴이 답답해지곤 했다. 그런 나에게 넓은 보건실을 혼자 사용해서 부럽다는 선생님의 말씀에 순간 욱하며 "보건실에서 하루만 일해 보시겠어요? 그런 말씀 안 나올걸요?"이라고 농담하듯 반문한 적이 있다.

2013년 공립 위탁 시험으로 사립 특수학교 보건교사 임용에 성공했다. 장애 학생들을 경험한 적이 없어 신규교사 시절 '내가 여기서 무엇을 할 수 있을까?'라는 생각에 자존감이 떨어진 상태로 학교생활을 이어갔다. 다시 학생의 자세로 장애 학생이 가진 희귀 난치 질환을 공부하며 특수학교라는 조직에서 보건교사로서 역할을 충실히 해내기 위한 노력을 이어갔다. 2016년 특수학교 근무 4년 차가 되니 200명 남짓한 전교생이 눈에 들어왔고 응급상황이 발생하여 한 달에 한 번꼴로 탑승하는 119구급차도 조금은 익숙해졌다. 특수학교는 보건교사와 영양교사를 제외한 모든 교사가 특수교사이다. 특수교사들만의 문화 속에 어우러지기가 쉽지 않았지만 군 병원 임상경력 10년과 기간제 교사 18개월의 경험을 바탕으로 나는 빠르게 특수한 조직에 녹아들고 있었다. 이제 학생들도 제법 친숙하고 업무파악도 *끝난* 4년 차 시절, 큰 도전이 나를 기다리고 있었다. 우연한 기회에 만난 재외 한국학교 초빙교사 모집 공고였다. 재외 한국학교 근무를 열망하던 주변 지인 보건교사 덕분에 정보를 접하게 되었고 개인적인 여러 상황으로 지원을 결심했다. 전 세계 재외 한국학교 중 보건교사를 초빙교사로 뽑는 곳은 5개 학교 내외이다. 그 외 대부분의 재외 한국학교는 현지에서 간호사를 채용하여 보건실 방문하는 환자의 처치업무만 운영하는 경우가 많았다. 내가 지원하던 당시 인도네시아 자카르타 한국국제학교와 중국 대련 한국국제학교가 동시에 보건교사 초빙 공고를 냈다. 전 세계 얼마 되지 않는 초빙 보건교사 수를 생각하면 이례적인 일이었다. 고민 끝에 한국과 가까운 중국 대련 한국국제학교를 지원했고 1차 서류전형에 합격하여 2차 면접을 보게 되었다. 눈발이 날리는 추운 겨울날 언덕 위에 자리한 서울 남산초등학교에서 면접이 진행되었다. 1차 서류전형에서 합격한 세 명의 보건교사가 단체 면접을 보았다. 긴장감 속에 다양한 질문이 오갔다. 그 중 아직도 잊을 수 없는 조금은 당황스러운 질문이 있었다.

"보건실은 많은 사람이 방문하는 곳입니다. 학생뿐만 아니라 교직원도 많이 이용합니다. 보건실을 교직원 사랑방처럼 운영하는 것에 관한 생각이 궁금합니다."

보건실이 사랑방이라니……. 면접 질문과 표현 자체가 당황스러웠다. 보건실은 보건교사만의 공간이 아니다. 아픈 학생과 교직원, 때로는 상담을 원하는 학부모까지 모든 학교 공동체 구성원이 방문한다. 보건교사는 다양한 이유로 보건실을 찾는 손길이 필요한 학교 구성원을 환대로 맞이한다. 건강상태 문진과 신체 검진을 통해 건강 문제를 파악하고 적절한 중재를 제공한다. 때론 신체적 처치가 아닌 마음의 치료가 필요한 경우의 학생도 있다. 신체적 증상으로 보건실을 방문하지만 결국은 마음

때문에 생긴 신체화 증상을 호소하는 학생이 많다. 마음의 치료는 학생뿐만 아니라 교직원도 마찬가지다. 상담자로서 경청하고 필요한 중재를 해주는 경우가 있다. 면접관들의 질문 의도를 관리자의 시각에서 어느 정도 이해할 수는 있었다. 간혹 친한 선생님들이 삼삼오오 보건실을 찾아와 이야기를 나누는 경우가 있다. 그런 상황을 우연히 지나가던 관리자가 보거나 학생들이 처치를 받으러 왔다 보게 되는 때도 있다. 분명 조직 내에서 개인적인 친분을 쌓고 관계를 유지하는 것은 보건 교사에게도 중요한 일이다. 하지만 보건교사로 여러 해를 보내면서 보건실에서 동료 교사와 모여 길게 이야기를 나누는 것은 본의 아니게 보건실이 사랑방처럼 보일 수도 있겠다는 것을 어느 순간 알아차렸다. 그날 면접에 대한 나의 대답은 이미 나만의 보건실 운영 기준이 있었기에 정리해서 말할 수 있었다.

"보건실은 학생, 교직원, 때론 학부모까지 많은 사람이 방문합니다. 보건실에 사람들이 사랑방처럼 모여 있다면 아프고 휴식이 필요한 학생이나 교직원이 마음 편히 이용하기가 어려울 것입니다. 학교 구성원 모두가 언제든 편하게 방문할 수 있는 보건실 환경을 만들기 위해서 노력하겠습니다."

분명 면접관들은 보건실이 사랑방처럼 운영되는 것을 경계하기 때문에 그러한 질문을 했을 것이다. 나 역시 그 의중을 알기에 평소에 생각했던 것을 바로 답변할 수 있었다.

면접 후 최종합격을 하고 2019년 대련 한국국제학교 보건실 근무를
시작했다. 보건실 환경은 예상했던 것보다 훨씬 열악했다. 기본적으로
갖추어야 할 비품은 수십 년은 더 되어 보였고 아무리 청소를 해도 티가
나지 않는 80년대 수준 보건실이었다. 현대화 사업을 진행한 한국의 보
건실에서 근무했던 터라 중국 학교의 보건실은 더욱 열악해 보였다. 적
은 예산을 쪼개서 보건실 환경을 최선의 노력으로 개선해 가며 중국에
서의 보건교사 생활을 시작했다. 시간이 흘러 2학기가 되어 학교 축제인
'나비제'가 얼마 남지 않은 시즌이 왔다. 그 해 대련 한국국제학교에 함께
초빙교사로 선발되어 타국 생활을 시작한 동기가 11명이나 되었다. 어느
날 동기 중 몇 분이 보건실에 찾아왔다. 다급한 모습으로 이번 학교 축제
때 신규 초빙교사들이 함께 축제 공연 중에 한 부분을 맡아야 한다는 내
용을 전했다. 시간이 촉박했고 어떤 공연을 할지 급히 협의하고 정해야
하는 상황이었다. 마침 고등학교 남학생이 몸이 불편해서 보건실 안정을
위해 방문했다. 동기들은 공연 준비 협의를 위해 그 학생에게 10분 정도
만 협의를 조용히 하겠다고 양해를 구한 후 공연에 댄스팀으로 참여하기
로 결정 후 헤어졌다. 며칠 후 그 남학생의 담임 선생님이 난처한 표정을
하며 보건실을 방문하셨다. 뜸을 들이며 이야기를 꺼내셨다.

"보건 선생님, 너무 기분 나빠하진 마시고요. 오늘 우리 반 학부모님이
연락이 오셔서 학생의 보건실 안정에 대한 민원을 제기하셨어요."

순간 가슴이 철렁했다. 놀란 토끼 눈으로 담임 선생님의 이야기를 들

었다. 민원의 핵심 내용은 우리 동기들이 축제 참여에 관한 이야기를 10분간 나누는 동안 그 남학생이 제대로 쉬지 못해 학부모에게 이야기했고 학부모가 담임교사를 통해 민원을 제기했다는 내용이었다. 바로 교장실로 민원을 제기하려다 자중하고 담임에게 연락했다는 이야기도 덧붙이셨다. 아⋯ 라는 힘없는 한숨이 내 몸의 모든 기운과 함께 몸 밖으로 빠져나가는 기분이 들었다. 분명 학생에게 양해를 구하고 조용히 이야기를 10분간 나누고 헤어졌지만, 그 학생에게는 수업을 빠지고 어렵사리 절차를 거쳐 안정하러 온 시간을 방해받아 이리 민원을 제기한 것이다. 이야기를 듣고 학생이 너무 민감한 것 같은데 라는 생각에 야속한 마음이었다. 잠시 마음을 가다듬고 돌이켜 생각해 보니 수업을 빠지고 어렵게 보건실 안정을 위해 왔을 학생에게 미안한 마음이 엄습해 왔다. 이 일을 계기로 안정을 취하는 학생이 있으면 발소리조차도 조심하고 보건실에 안정하는 동안은 최대한 편하게 이용할 수 있도록 마음을 쏟았다. 보건실에 나를 찾은 동료 교사가 있을 때 안정실 사용을 위한 학생이 방문하면 동료 선생님께 양해를 구하고 다음 기회에 이야기 나누자고 조심스레 말을 건네며 보건실을 조용한 환경으로 만들려 노력했다.

 '보건교사는 언제나 고독한 존재로 남아야 할까?' 라는 질문이 나에게 던져졌다. 보건실의 환경을 쾌적하고 조용하게 유지하는 것과 교직원과의 개인적인 친분과 관계를 이어가는 것 사이의 균형을 어떻게 찾을 것인가? 라는 물음이 여러 상황에서 나를 향해 답을 요구했다. 오랜 고민 중에 미국 출신의 철학자 헨리 데이비드 소로의 저서 《월든》에서 답을 찾았다. 이 책은 자연과 인간의 관계에 대한 철학적인 내용을 담고 있는 유명한 고전 중의 고전이다. 1854년에 출판되었고 소로는 1845년부터 1847년까지 월든이라는 호숫가에 손수 오두막을 짓고 살면서 자연과 인간의 관계를 탐구하였다. 그중 '고독' 편에 오랜 기간 해온 번민을 해결해준 구절이 나온다. '고독만큼 마음이 잘 통하는 친구를 만난 적이 없다. 우리는 보통 집에 있을 때보다 밖에서 사람들과 함께 있을 때 더 외로움을 느낀다. 생각하거나 일할 때 사람은 늘 혼자다. 사교는 쓸데없는 경우가 대부분이다. 우리는 지나치게 자주 만나고 서로에 대해 새로운 가치를 발견할 만큼 떨어져 있는 시간을 충분히 갖지 않는다.'

소로가 월든 호숫가에서 한 실험적인 극한 고독의 상황은 현대인에게는 비현실적으로 다가올 수 있다. 그러나 대자연을 산책하고 사색하며 남긴 시공을 초월한 수백 년 전의 그의 통찰은 보건교사로서 학교 조직에서 입장을 어떻게 정리할지 깨달음을 주었다.

보건실 밖에서 바라보는 보건교사는 그저 큰 보건실을 차지하고 교과교사들과는 다르게 수업보다는 학생들의 응급처치가 주 업무인 다른 부류의 교사, 비교과 교사로 분류된다. 보건교사는 학교에서 교사이자 의료인으로서 자격을 가지고 지극히 고유한 업무를 수행하기 때문이다. 학교 안에서 특별한 고도의 전문성을 가진 직업이지만 이 사실은 역설적으로 학교 조직에서는 필요 시에만 전문성을 요구 받는다. 또한 관련 업무 책임은 무겁지만 업무성과로 인정받기는 어려운 현실이다. 2020년 코로나19 감염병 창궐로 고군분투하며 학교 안에서 누구보다 힘든 한 해를 보낸 보건교사들의 성과급이 최저등급인 B등급이 꽤 있다는 사실은 이를 반증한다. 누구에게나 열린 보건실을 운영하기 위해 고독한 존재로 남아야 하는 직업, 많은 업무를 하고 있지만 고유한 업무에 대해 공감해 주는 이가 없는 일을 하는 직업이 바로 보건교사이다.

　남아메리카 대륙의 북쪽 반구에 걸쳐있는 지구의 허파 아마존 우림은 조용히 지구 대기 중 약 20%의 산소를 생산한다. 학교에서의 보건교사의 존재는 지구의 아마존 우림처럼 누가 알아주지 않아도 학교의 학생과 교직원의 건강과 안전을 위해 조용히 이산화탄소를 흡수하고 광합성 과정을 통해 산소를 끊임없이 학교에 제공하는 일을 한다. 전국의 모든 보건교사들은 오늘도 조용히 각자의 자리에서 열심히 광합성을 하고 있다. 자신의 직업이 소외되고 인정받지 못한다고 생각하는 주변의 보건교사를 많이 만난다. 부디 고독하지만 아마존의 우림처럼 학교의 생명력을 유지해 주는 귀한 직업이라는 자부심을 잊지 않길 바란다.

같이의 가치, 보건교육 연구회의 시작

2017년부터 3년 동안 중국 대련한국국제학교 초빙교사로 근무하며 새로운 세상을 경험했다. 전국 각지에서 초빙교사로 선발된 훌륭한 선생님들과 유치원부터 초·중·고가 모두 구성된 학교의 학생들과 다양한 경험을 했다. 그 중 단연 최고의 경험은 교직원 안전 동아리 운영이었다. 시작은 중국의 열악한 의료 환경 때문에 병원 진료를 꺼리는 교민들과 학생들을 위한 의료가이드북 제작 예산 확보였다. 마침 교직원 안전 동아리 공모 공문이 도착했고 공모에 당선되어 예산 지원을 받으며 1년 동안 학생, 교직원, 학부모와 다양한 활동을 펼쳤다. 교장 선생님의 권유로 우수사례 공모전에 출전하여 최우수로 교육부 장관상을 받는 영광도 누렸다. 최우수와 우수상을 받은 교사들에겐 일본의 안전교육 현장을 탐방하는 해외 연수 과정도 있었다. 그 영광 뒤에는 이미 다양한 공모전 경험과 수업연구에 전문가이신 동료 선생님의 도움이 컸다. 공모전 보고서를 함께 야근하며 도와주신 김광태 교감선생님의 지원이 많은 도움이 되었다. 그리고 2020년 1월, 귀한 경험으로 가득한 3년간의 초빙교사 근무를 마치고 코로나19와 함께 귀국했다.

코로나19 대혼란의 시기가 어느 정도 진정되고 학교 방역 체계도 자리를 잡아 갈 때쯤 나의 오랜 고민이 다시 고개를 들었다. 그것은 특수교육 대상 학생을 위한 성교육 연구였다. 난 사립 특수학교에 공립위탁 선발 과정을 거쳐 임용에 성공했다. 특수교육에 대한 지식이 전혀 없는 상태로 현장에서 장애학생을 만나며 배운 특수교육은 체계가 없었다. 같은 학년이지만 학생 개개인의 지식수준은 천차만별이었다. 2013년 당시 특수교육 대상자 보건교육을 위한 교과서는 교육부에서 발간한 고등 보건 교과서가 전부였다. 임용 후 계속 초등 5, 6학년 보건 수업을 했고 참고할 자료가 부족했다. 서울특별시의 32개 특수학교가 있지만, 선생님들 간의 소통은 쉽지 않았고 교육 자료에 대한 필요성을 매번 느끼며 내가 무엇을 할 수 있을까 하는 고민은 머릿속에서 떠나지 않았다. 학교생활 4년 차가 되었을 때 연구부에서 '1 교사 1 연구'라는 사업을 시작했다. 모든 교사는 교과연구회나 사례 연구를 무조건 1년 동안 해야 하는 상황이었다. 4년 차 저 경력 교사지만 그동안 고민했던 특수교육 대상자를 위한 보건교육 연구회를 해야겠다는 결심을 했다. 연구 주제는 특수교육 대상자를 위한 성교육 표준안 개발이었다. 2015년 국가 성교육 표준안이 발표되었고 관련 연수를 듣기 위해 교육청 출장을 갔다. 그런데 표준안에는 특수교육 대상을 위한 부분은 없었다. 초·중·고 수준의 자료이지만 특수학교의 교육과정을 반영한 내용은 보이지 않았다. 특수교육 대상자를 위한 교육과정 재구성이 필요했다. 초 5, 6학년 보건 수업을 하고 있던 차에 중학교, 고등학교 선생님을 한 분씩 섭외했다. 성교육 표준안과 특수학교 기본교육 과정을 연결한 교육과정 분석과 여러 곳에 흩어져 있는 학습지를 분석하여 교육과정에 연결하는 연구를 진행했다. 앞으로 지속할 특수교육대상자를 위한 성교육 연구의 초석을 마련하는 과정이었다. 1년을 연구하니 특수학교 교육과정이 눈에 들어왔고 국가 성교육 표준안을 특수교육과정을 분석하여 재구성한 자료를 학교 안 선생님들과 나눌 수 있었다.

연구에 대한 도전으로 자신감을 얻었고 그해의 연구를 초석으로 다음 연구에 대한 아이디어도 여러 가지 떠올랐다. 특수교육에 일조할 수 있는 비전이 생겼다는 기쁨에 벅차오르는 감동을 경험했다. 오랜 고민 끝에 다가온 달콤한 수확이었다. 하지만 연구는 계속 이어질 수 없었다. 바로 다음 해인 2017년, 재외 한국학교 초빙교사에 덜컥 합격했다. 중국 대련 한국국제학교로 초빙교사 파견을 갔다. 재외 한국학교는 유치원과 초·중·고로 구성된 또 다른 세계였다. 특수교육 대상 학생의 교육 활동과는 교육과정과 학생 수준이 너무 달랐다. 3년이라는 시간을 또 새로운 환경과 학생들에 적응하며 타국살이를 하고 2020년 코로나 19가 창궐하는 시기에 귀국하였다. 방역체계가 갖춰지고 학교도 온라인 수업에 적응해 가던 시기에 다시 특수교육대상 학생을 위한 수업 연구에 대한 고민을 시작했다. 재외 한국학교 근무 기간인 3년이 지난 후 다시 살펴본 특수학교의 보건교육은 3년 전과 비교하여 2015 개정 교육과정이 반영된 중학교, 고등학교 보건 교과서 개발이 전부였고 다양한 교육 콘텐츠나 자료의 발전이 눈에 띄지 않았다. 특히 장애 학생 수준에 맞는 성교육 자료에 대한 현장의 요구도는 여전히 높았다. 본격적인 특수학교 보건 선생님들과의 연구를 고민했다. 오랜 경력의 같은 학교 영양 선생님께서 이런 나의 고민을 듣고 학교 간 교원학습공동체 연구를 제안해 주셨다.

"선생님! 서울특별시 교육청에서 운영하는 학교 간 교원학습 공동체라는 연구회가 있어요. 영양교사나 보건교사는 학교에 혼자잖아요. 다른 학교 교사들과 같이 연구하면 훨씬 좋은 연구가 될 거예요."

무언가를 고민하고 구하면 세상의 모든 기운이 나를 도와주는 경험을 종종 한다. 영양선생님의 조언으로 번뇌의 시간이 감사와 감동으로 연결되는 순간이었다. 행복감도 잠시, 연구회 구성에 대한 고민을 시작했다. 무남독녀 외동딸로 자란 성장배경과 누구의 도움도 받기 싫어하고 혼자서 빨리 일 처리를 하는 성격 때문에 연구회를 이끌고 함께 속도를 맞춘다는 것이 부담으로 다가왔다. 그때 떠오른 구세주! 나의 사랑하는 동기! 광주광역시에서 중등 보건교사로 근무하는 선배 보건교사이기도 한 국군간호사관학교 동기였다. 그녀는 이미 보건교사 단체 활동에서 두각을 나타내고 있었고 보건교사 연구회를 이끄는 멋진 친구였다. 오랜만의 통화였다. 서로의 근황을 물으며 연구회를 꾸리고 싶은 이유와 팀장이 되어 연구회를 이끌어 가는 것에 대한 부담감에 대한 고민을 토로했다. 동기는 찬찬히 나의 이야기를 들으며 연구회를 꼭 운영해야겠다는 마음을 정할 수 있도록 결정적 한마디를 해주었다.

"네가 열심히 혼자 연구할 수도 있지만, 금방 지쳐버릴 거야. 속도는 느리더라도 함께해야 오래갈 수 있어."

함께해야 오래간다는 말이 가슴에 콕 박히는 순간이었다. 학교를 벗어나 학교 밖에서 다른 학교 선생님들과 함께 하는 연구회기에 시행착오가 많을 것이라는 두려움이 밀려왔다. 하지만 특수교육대상 학생들을 위해 그리고 보건교사로서의 나 자신의 정체성을 찾기 위해 이 연구회는 꼭 운영하리라는 결심을 했다.

2021년 1월 드디어 학교 간 교원학습공동체를 구성했다. 발달장애 특수학교와 청각장애 특수학교 선생님 6명으로 구성한 '함께 존중 그림책 연구회', 글을 읽기 어려운 장애학생과 즐겁게 수업할 수 있는 수업 도구로 선택한 것이 그림책이었다. 코로나19 첫해를 격정적으로 보내고 맞은 귀한 겨울방학이었지만 2021년도 학교 간 교원학습공동체에 공모하기 위한 준비를 시작했다. 방역업무로 온라인 수업 플랫폼과 에듀테크를 익히지 못한 탓에 팀장으로서 연구회를 이끌기 위해 다양한 에듀테크 연수를 이수했다. 특히, 교육부 산하 KERIS(한국교육학술정보원)에서 운영하는 무료 직무연수 플랫폼에서 연구회 운영을 위한 다양한 온라인 플랫폼을 배우고 익혔다. 연구회원들은 매주 ZOOM 화상 회의에 모여 일반 학교에서 운영하는 공통교육과정과 특수학교의 기본교육과정 안의 보건 교과를 분석하기 시작했다. 클라우드 기반 협업 도구인 구글 스프레드시트 협업을 통해 보건 교육과정 중 성교육 요소를 분석하고 연구의 방향을 정했다. 매주 실시한 회의는 온라인 마인드맵을 통해 정리하고 각종 공유 자료는 구글 공유 드라이브를 만들어 축적해갔다. 코로나19는 언제 종식될지 기약이 없었고 비대면 연구회를 운영하며 정보를 얻기 위해 인스타그램, 블로그, 유튜브를 탐색했다. 선생님들의 다양한 소셜미디어를 통한 왕성한 연구 활동과 결과물을 확인할 수 있었다. 드디어 3월, 학교 간 교원학습공동체 공모 공문이 도착했다. 방학 동안 사전 연구한 자료를 바탕으로 계획서를 작성하고 공문 발송을 완료했다. 정신없던 3월이 지나고 4월의 어느 날 반가운 연구회 선정 결과 공문이 도착했다. 떨리는 손으로 선정 연구회 목록 첨부 문서를 열었다. 수 백 개의 연구회가 빼곡히 적힌 엑셀파일을 스크롤하며 레이저 빛 가득한 안구를 굴려 우리 연구회 이름을 찾았다. 나의 시선은 한 곳에 멈추고 눈시울이 뜨거워졌다. 당선이다!

함께 존중 그림책연구회는 특수학교 보건교사로 근무하며 6년 동안 특수교육 대상 학생을 위한 보건교육에 대한 고민의 결과로 시작했다. 교육과정 분석을 통한 9개 영역 성교육 요소를 기반으로 매달 영역에 맞는 그림책을 탐색했다. 연구한 결과를 비대면 회의를 통해 나누고 온라인 협업 도구에 쌓아갔다. 연구회를 시작하며 이미 오랜 기간 연구회를 운영하신 선배 보건교사들과도 교류하는 기회가 생겼다. 선배 보건교사 분들은 새내기 연구회 팀장을 위해 멘토로서 조언을 아끼지 않으시고 여러모로 도움을 주셨다. 학교에서는 홀로지만 학교 밖으로 눈을 돌리니 새로운 세상이 열리는 기분이었다. 연구회원들과의 네트워크를 통해 가을에는 보건교사 연구회 간 연합 워크숍을 통해 서로의 연구를 공유하고 새로운 에너지와 아이디어를 얻는 시간도 가졌다. 연대의 힘, 같이의 가치를 체험한 순간이었다. 연구회 첫해, 팀장으로서 막막하고 고된 시행착오의 시간도 많았지만, 연대를 통해 길을 찾고 목표를 향해 달릴 수 있었다. 학교에서는 방역업무로 지쳐갔지만, 연구회 활동을 통해 다시 에너지를 얻을 수 있는 시간이었다. 그렇게 열심히 일 년을 보내고 연말 연구회 보고서를 제출하고 도전의 한 해를 마무리했다. 학기 말 업무로 정신없던 어느 날 교원학습공동체 담당 장학사가 전화를 주셨다. 우리 연구회가 우수사례에 선정되었으니 우수사례집에 실을 원고를 제출하라는 내용이었다. 감격의 순간이었다. 장애 학생 성교육에 대한 우리들의 고민으로 시작한 연구가 우수사례집을 통해 특수교육 현장에서 힘들어할 누군가에게 도움을 준다고 생각하니 연구하는 동안의 고통이 눈 녹듯 사라졌다.

코로나19는 보건교사에게 큰 시련의 시간이었다. 2023년 8월 드디어 코로나19가 감염병 등급 2급에서 4급으로 하향 조정됐다. 감염병과 사투를 벌이는 한순간 한순간이 보건 교사에게는 큰 위기로 다가왔다. 나 역시 돌아보면 긴박하고 숨 막히는 순간이었지만 그 안에서 보건교사 간 온라인 플랫폼을 활용한 비대면 연구회를 통해 연대와 성장을 도모했다. 오히려 코로나19로 힘든 시기에 그 전보다 더 큰 에너지로 활동했던 시간이었다. 학교 안 유일한 의료인이라는 부담감으로 하루하루를 힘들게 보내며 상처받는 보건교사들이 너무도 많다. 하지만 조금만 고개를 들어 학교 밖을 바라보면 성장을 갈망하는 보건교사들이 보일 것이다. 코로나19라는 위기는 보건 교사에게 비대면 온라인 도구를 통해 보건실을 떠나지 않고도 연대와 협업으로 성장할 수 있는 위대한 기회로 다가왔다. 아직도 학교 안에서 홀로 상처받고 힘들어하는 보건교사가 있다면 다양한 방법을 통해 학교 밖 보건교사들과 연대하기 바란다. 위기를 위대한 기회로 만드는 기적을 경험하고 함께 성장할 든든한 동료를 만나게 될 것이다.

보건 수업 온앤오프 적응기

2020년 코로나19 팬데믹 상황에 학교는 개학 연기로 피가 마르는 상황
이 이어졌다. 개학 연기를 거듭한 가운데 교육부는 2020년 3월 31일 유
치원을 제외한 전국 모든 초·중·고의 첫 온라인 개학을 시행한다고 밝혔
다. 이에 따라 4월 9일 진학을 앞둔 고3, 중3 수험생부터 순차적으로 온라
인 개학을 시작했다. 온라인 개학과 원격수업이 시작되며 학교는 대혼란
을 겪었다. 보안 때문에 막힌 인터넷망으로 수업이 원활하지 않았다. 온
라인 수업을 위해 교육청은 인터넷 보안 시스템을 강화하고 플랫폼에 대
한 접근을 허용하기 시작했다. 수업은 화상회의 플랫폼을 이용해 운영했
다. 줌(ZOOM) 화상회의나 구글 미트(google meet)를 이용하거나 교육
청 자체 개발 플랫폼을 활용했다. 선생님과 학생들은 화상회의 도구에
생소하여 온라인 개학 초반에는 수업을 제대로 진행하지 못하는 일이 다

반사였다. 원격수업을 위한 스마트 기기가 없는 가정을 위한 지원도 필요했다. 학교에서는 온라인 수업을 위해 태블릿을 대여해 주는 사업을 급하게 시행했고 그 이후 교육청별로 태블릿을 학년별 단계적으로 보급하는 사업도 시작했다. 교육청, 학교는 팬데믹 위기 상황에 맞춰 빠르게 변모했고 현장의 교사들은 온라인 수업을 위한 다양한 에듀테크를 배우며 피나는 노력을 통해 온라인 개학을 이어갔다.

보건교사는 시시각각 변하는 방역지침을 확인하고 감염병 대응 팀과 변경 지침을 학교에 반영하며 방역 계획서를 세웠다. 학교 자체 지침이 완성되면 그에 따른 가정통신문 발송, 교직원 연수 시행, 방역물품 구매 및 배부, 방역 홍보물 제작 및 게시 등 해야 할 일이 줄줄이 이어졌다. 2020년 5월 고3을 시작으로 순차적 등교 개학이 이루어지며 확진 발생이 증가했다. 학교 안 학생 밀집 상황을 해결하기 위해 1/3 등교라는 지침이 내려왔고 확진자 수가 증가하면 학교 상황에 따라 학교장 판단 하에 원격수업으로 전환했다. 학교는 수시로 대면과 비대면 수업을 전환하며 학생과 교사는 온라인과 오프라인을 오가는 수업에 익숙해졌다. 각 교실 인터넷망을 확충했고 선생님들은 시시각각 변하는 온라인 수업에 대응하기 위한 다양한 에듀테크를 익히며 숨 가쁘게 변화에 적응해 갔다. 그 중심에서 보건교사는 관할 보건소 역학조사팀과 확진자 대응에 총력을 기울였고 확진자 동선 파악과 접촉자 진단검사 안내, 실시간 확진 상황과 학교 대응 관련 학부모 안내 등으로 점점 소진되어 갔다. 또한 학교 방역에 전념하느라 온라인 수업에 적응할 기회가 많지 않았다. 코로나 19 방역으로 정신없이 보내던 중 고개를 들어보니 교육은 새로운 패러다임으로 옮겨가고 있었고 보건교사는 우선의 방역 업무를 하느라 에듀테크에 대한 배움과는 가까울 수 없는 상황이 되었다. 2020년 10월 무렵 내 안에 잠들어 있던 특수교육대상자 성교육 연구에 대한 불씨는 학교 간 교원학습공동체 구성으로 옮겨 갔고 21년도 마침내 서울특별시 특수학교 보건교사들과 함께 '함께 존중 그림책연구회'를 시작하였다. 하지만 코로나19는 2021년까지 이어졌고 팬데믹 상황은 끝이 없어 보였다. 학교는 단계적 개학을 하였지만, 여전히 마스크 착용과 사적 모임 제한은 지속되었다. 연구회 구성원이 모두 보건교사이기에 대면으로 모여 코로나 19 확진이라도 된다면 그 영향이 소속 학교에 연결되어 대면 모임은 꿈꿀 수도 없었다. 연구회 모임을 통해 누군가 확진된다면 각 학교에 미칠 영향은 상상만 해도 아찔했다. 연구회를 운영하기 위한 방법은 비대면 회의와 온라인 도구를 활용한 자료 공유 뿐이었다. 팀장으로서 연구회를 이끌 방법을 고민하고 바쁜 방역 업무 중에도 에듀테크 연수를 이수했다.

 에듀테크 연수를 통해 연구회 협업 시스템을 구축하였다. 한 달에 한 번 성교육 주제별 그림책을 탐색하고 교육과정을 참고하여 재구성한 수업안을 만들었다. 수업이 가능한 선생님은 수업 후기까지 준비해서 화상회의로 모임을 이어갔다. 코로나19, 2년 차의 끝나지 않는 고통 속의 나

날이었지만 연구회원들과 함께 의지하며 그림책 연구를 지속했다. 비대면 연구는 생각보다 순탄했다. 코로나19 이전이었다면 보건실을 비우고 약속 장소까지 관련 자료를 들고 이동하여 대면 회의하고 자료 정리하는 방법이 전부였을 것이다. 코로나19는 비대면 협업 도구의 발전을 초고속으로 이끌었다. 학교를 비우기가 어려운 보건교사가 온라인 연구와 협업으로 인적 네트워크를 확장하는 기회를 가져다주었다. 온라인 도구 발전은 방역 업무로 힘들었지만, 시공간 제약을 떠나 마음만 먹으면 학교 밖 선생님들과 소통할 기회를 제공했다. 연말이 될 때까지 사적 모임 제한은 지속되었고 결국 연구회원들과 대면 모임을 한 번도 하지 못하고 첫해의 연구를 마무리했다. 아무것도 모르고 어설프기 그지없었지만 이미 연구회를 오랜 기간 운영해 오신 멘토 선생님께 도움을 얻어 연구의 방향을 잡아갈 수 있었다. 우리 연구회 연구가 학교 간 교원학습 공동체 우수사례가 되면서 우리의 연구가 헛되지 않은 시간임을 확인했다. 그렇게 연구회는 2022년까지 이어졌고 연구는 자리를 잡아갔다.

2022년 코로나19 방역체계와 그림책 성교육 연구회는 안정기에 접어들었다. 특수학교는 학생들의 온라인 도구 조작이 어려워 2021년부터 학교장 재량으로 전면등교를 결정하고 지속해서 정상 등교를 시행하고 있었다. 다시 고민의 시간이 찾아왔다. 연구 결과를 실제 우리 학교에 흘려보내는 방법에 대한 고민이었다. 비대면 연구로 특수학교 간 그림책 성교육 연구는 발전하고 있었지만 정작 내가 속한 학교 안에서 특수교사들과 그림책 성교육 연구를 나눌 방법이 없었다. 보건 수업은 초등 5학년 17차시로 고정되어 있었고 실제 특수학교 보건 교과는 중학교와 고등학교 교육과정에만 편성되어 있었다. 특수학교는 유치원부터 초·중·고 그리고 직업훈련 과정인 전공과까지 모든 발달단계의 학생들이 함께 학교생활을 한다. 특수 기본교육 과정 안의 보건 교과를 선택 과목으로 담임교사가 수업을 운영하는 중학교 1학년 학생들과 온앤오프 수업을 하면 어떨까 하는 아이디어가 떠올랐다. 연구회 운영 중 익힌 다양한 에듀테크 활용 방법을 수업에 녹여보고 싶었다. 마침 서울특별시교육청 사업으로 진행하는 태블릿 활용 '디벗(디지털 벗)' 사업도 중학교 1학년에 도입된 해였다. 정보부장님이 보건교사인 나에게도 아이패드를 수업에 활용하도록 한 대를 주신 상황이었다. 연구부장님께 나의 온앤오프 수업 연구에 대한 아이디어를 말씀드렸다. 연구부장님은 너무 좋은 아이디어라며 함께 연구하면 좋을 팀원을 추천해 주셨고 학교 안 교원학습공동체 '온앤오프 보건교육 연구회'가 구성되었다. 중1 담임선생님과 함께 성교육 그림책과 교육과정을 연구하여 수업안을 구상하고 예술 활동을 접목하는 수업을 진행했다. 수업은 보건교사가 보건실에서 화상회의로 접속하여 온라인으로 진행하고 학생들은 교실 화면에서 보건교사가 공유하는 수업에 참여하는 형식이었다. 수업과 관련된 예술 활동은 교실에서 담임교사가 오프라인으로 지도하는 온앤오프 코티칭(On and Off Co-teaching) 수업이었다. 보건 선생님이 TV에 나와 수업을 진행하는 것을 학생들은 신기해했고, 보건교사, 담임교사, 교육지원 요원까지 3명이 장애 학생을 교육하니 수업에 집중도와 활동 진행이 수월했다. 여러 차례 연구회 수업을 진행하면서 온앤오프 수업에 함께 참여하겠다는 선생님이 생겼고 사춘기 신체발달 수업은 총 8개 반이 화상회의에 동시에 접속하여 함께 성교육을 진행했다. 이 수업에 참여한 선생님들의 후기는 예상 이상으로 긍정적이었다. 장애 학생들의 성 관련 부적절 행동을 교실에서 지도하는 데 많은 도움이 되었다는 후기와 온앤오프 수업에 이어 각 반의 상황에 맞는 성교육을 다음 차시에 연결해서 실시한 선생님의 후기도 있었다. 또한 수업 중 보건실 응급환자가 발생하면 보건교사 대신 교실에서 대면 수업하는 교사가 수업을 연결해서 진행할 수 있는 장점도 발견했다. 보건수업으로 보건실 응급상황에 대한 공백을 개선할 수 있는 방법인 것이다.

학교 간 교원학습 공동체를 통한 그림책 성교육 연구 그리고 이어진 학교 안 교원학습 공동체를 통한 온앤오프 코티칭 보건교육은 그동안 장애학생 성교육 고민의 해결 실마리를 던져 주었다. 앞으로 학교 안 특수교사들과 연대하며 연구하는 방법과 학생 수업을 진행하는 노하우까지 연구의 나아가야 할 길을 보여 주었다. 보건 수업은 언제나 부담으로 다가왔다. 타교과 교사들과는 다르게 보건실 학생의 응급처치가 우선 업무이고 보건 수업 중에 응급상황이 생기면 수업은 중단되기 일쑤였다. 코로나19가 가져온 온라인 플랫폼의 초고속 발전과 다양한 에듀테크는 보건실이라는 공간을 지키면서도 온앤오프 코티칭을 통해 보건 수업을 충실히 할 수 있는 대안을 모색할 수 있게 해주었다. 2016년부터 시작된 장애학생 성교육에 대한 고민은 포기하지 않고 방법을 찾아 학교 안팎 교사들과 연구하며 답을 찾아가고 있다.

보건 수업에 관해 고민하는 것이 있다면 두려워 말고 다양한 시도와 도전을 해 보기 바란다. 보건수업과 관련해 학교 현장에는 다양한 이슈가 있다. 많은 보건교사가 보건 수업 관련하여 어려움을 호소하고 있다. 하지만 생각과 고민에 머무르면 그 누구도 해결책을 제시해 주지 않는다. 학교 밖 보건교사 그리고 학교 안 교사들과 연대하며 고민을 나누고 조언을 구하면 도움을 받을 수 있다. 힘든 시행착오의 과정이 있겠지만 도전하고 연구하는 과정에서 분명 그 고민에 대한 나만의 답을 찾을 것이다. 답은 바로 찾을 수도 있지만 오랜 시간이 걸릴 수도 있다. 방향과 목표가 분명하다면 내가 찾는 해답을 꼭 만나게 될 것이다.

미라클 모닝 리딩, 마음 돌봄의 힘

　2020년은 나의 인생을 그래프로 표현한다면 43년 인생 동안의 그래프 중 가장 최저점을 찍은 해이다. 2020년 1월, 3년간의 재외한국학교 초빙 교사 생활을 마무리하고 귀국을 했고 귀국하자마자 코로나 19라는 감염병이 창궐했다. 중국생활을 마무리하고 한국 생활 적응 그리고 학교 업무 적응에 정신이 없었던 시기였다. 게다가 전 세계를 강타한 최악의 감염병을 맞이하여 학교 방역의 최전선에 첨병으로 서야 하는 보건교사의 자리에서 고군분투했던 2020년이다. 중국에서 국제 우편으로 부친 물건들은 배송길이 차단되어 언제 올지 기약이 없었고 중학생 남매의 한국 정착을 위한 부분까지 신경쓰다 보니 나의 머릿 속은 과부하로 언제 터질지 모를 폭탄이 들어 있는 상태였다. 부디 앞으로 살아갈 인생의 그래프는 그때의 최저점 이하로 내려가지 않길 소망하며 그 시절은 상상하기 싫은 추억으로 마무리하고 싶다.

　보건교사인 나는 자고 일어나면 긴급으로 전달되는 교육부 방역지침 공문을 임용고시 준비하듯 읽고 또 읽으며 관리자들과 학교 자체 방역지침을 정했다. 특수학교에 근무하는 보건교사로서 특수교육 대상 학생들에게 맞는 방역지침을 세우기 위해 관리자가 최선의 선택을 할 수 있도록 자료를 찾고 다른 특수학교 상황을 실시간으로 모니터링하며 우리학교의 방역을 위해 최선의 노력을 했다. 혹여나 방역 담당자인 내가 감염될까 모든 외부 활동은 차단하고 심지어 가족까지 확진되지 않도록 단속하며 살얼음 같은 날들을 보냈다. 친정 부모님을 모시고 살던 터라 부모님께도 딸의 상황을 설명 드리고 외부 활동 및 지인과의 만남도 자제하도록 부탁을 드렸다. 어느 날 퇴근을 하고 저녁식사 준비를 하는 데 어머니가 아버지가 이상하다고 상태를 살펴달라고 하셨다. 침대에 누워 끙끙 앓는 소리를 내고 있는 아버지는 얼굴은 상기되어 있었고 몸살 기운으로 침대에서 일어나지 못하는 상황이었다. 아버지도 걱정되었지만 막상 코로나19 확진이면 나는 동거가족 격리로 출근을 못하는 상황이 생길 것을 먼저 우려했다. 지금은 신속항원검사 키트가 있지만 그 당시만 해도 PCR 검사를 하고 결과가 나오는 1박 2일 동안 동거가족은 출근을 금지하는 방역 지침이 있었다. 당장 내일 내가 출근을 할 수 없는 상황부터 걱정이 되었다. 한참을 고민하다 인근에 있는 대학병원 응급실로 향했다. 진료비는 비싸지만 PCR 검사 결과가 4시간 만에 나온다는 것을 알고 있었기에 빠른 검사결과 확인을 위한 선택이었다. 그렇게 밤을 꼬박 새워 새벽 4시가 되어 검사결과 음성임을 확인하고 증상 관련 약을 처방받아 귀가했고 나는 2시간을 자는 둥 마는 둥하며 학교로 출근했다. 수개월을 가족이 코로나19 유증상이 있을 때마다 비싼 비용을 들여 밤샘 진료를 보고 출근을 했다. 과한 책임감의 결과였다.

2020년 10월쯤 되었을까 나는 육체적, 정신적으로 녹아내릴 것처럼 소진되어 갔다. 유증상 학생을 매일 만나야 하는 감염으로부터의 공포, 매일 쏟아지는 공문과 회의로 인한 극도의 긴장, 확진자 발생에 따른 역학조사 업무 진행 등 상황은 좋아질 기미가 없이 매일 악몽의 연속이었다. 퇴근하면 지쳐 쓰러져 잠드는 반복되는 일상 속에서 정말 숨을 쉴 구멍을 찾고 싶었다.

코로나 업무로 늦은 퇴근을 하며 집을 향하고 있었다. 자연의 색과 공기가 겨울이 오고 있음을 알려주는 제법 쌀쌀한 저녁이었다. 저녁 메뉴를 고민하며 아파트 현관을 향하는데 갑자기 핸드폰 문자 알림 진동이 느껴졌다. 언제 신청한 지 기억이 없는 안성 진사도서관 독서 강연 화상회의 주소 안내 문자였다. 비대면 회의인 ZOOM을 활용한 독서 강연이 신기해 신청한 기억이 떠올랐다. 강사는《평범한 일상은 어떻게 글이 되는가》를 비롯하여 11권의 책을 쓴 작가이자 현직 초등 교사인 김진수 선생님이었고 주제는 '독서로 바뀐 내 인생'이었다. 화상회의로 언제 어디서든 도서관 강의를 비대면으로 들을 수 있는 것이 신기했고 강사님이 나와 같은 교사라는 사실도 나를 컴퓨터 모니터 앞으로 자석처럼 끌어다 주었다. 2시간 동안 진행된 강의는 나를 송두리째 흔들어 놓았다. 강사님이 독서로 우울증을 이겨낸 이야기, 32살부터 독서를 하고 새롭게 인생을 살게 된 이야기 등 독서로 변화한 삶의 진솔한 이야기는 소진된 나를 일으켜 세웠다.

"요즘 읽고 있는 책과 요즘 시간을 함께 보내는 사람들이 누구인가?"

강사님의 질문에 나는 도끼로 머리를 한 대 맞은 기분이었다. '나는 지금 왜 이렇게 소진되어 있지? 끝나지 않을 것 같은 이 감염병 전쟁에서 계속 이렇게 살거야?'라는 질문이 나를 계속 흔들었다. '우리는 누구에게 그 어떤 것도 가르쳐 줄 수 없다. 단지 스스로 자신 안에서 그것을 발견하도록 도울 수 있을 뿐이다.'라는 갈릴레오 갈릴레이의 말처럼, 스스로 진흙탕 속에서 빠져나올 방법을 찾아야겠다고 다짐했다.

나는 독서 특강이 끝나고 바로 당장 내일부터 실천할 일을 적기 시작했다. 첫 번째는 새벽 기상이었다. 출근부터 퇴근까지 업무로 나를 돌볼 시간이 없었다. 타인에게 방해 받지 않고 나를 돌볼 수 있는 시간이 바로 새벽이었다. 둘째, 자기 전 다음 날 해야 할 일 여섯 가지를 우선순위에 따라 작성했다. 해야 할 일이 많은 시기에 우선순위를 정해 업무를 글로 정리하니 마음이 안정되고 다음 날 낭비하는 시간 없이 업무를 바로 실행할 수 있었다. 마지막으로 독서와 논어 필사였다. 논어 필사를 하고 싶다는 마음이 생긴 것은 2016년 읽은 이지성 작가의 《리딩으로 리드하라》

라는 책에서 만난 인문고전 독서에 대한 안내였다. 마침 2017년 재외한국학교 초빙교사로 선발되어 떠날 때 논어필사 책을 구매해서 갔지만 고스란히 가져온 터였다. 바로 책을 찾아 책상에 올려놓고 잠을 청했다. 독서 특강이 끝난 다음 날부터 나의 새벽기상과 독서 그리고 필사 루틴이 시작되었다. 매일 새벽 논어를 읽고 필사를 한 후 문장을 곱씹으며 관련 내용에 대한 생각을 글로 적었다. 새벽 쓴 글을 네이버 블로그에 기록했고 글을 읽고 공감해 주는 이웃도 생겼다. 독서와 필사가 진행될수록 신기하게 코로나19로 소진된 상황의 어두운 감정이 논어의 주옥같은 구절과 만나면서 치유하는 경험을 했다. 업무 갈등으로 미웠던 사람에 대한 감정을 흘려보낼 수 있었고 나아가 오랫동안 잊고 있던 가족과의 아픔을 스스로 정리하고 용서하는 시간을 가지게 되었다. 논어 필사는 91일 동안 계속되었고, 2021년 2월부터 주변에 나와 같은 상황으로 힘들어하는 동료 보건교사들을 모아 온라인 독서 모임을 시작했다. 바로 '미라클 모닝 리딩' 미모리 독서 클럽이 탄생했다. 매일 새벽 5시 30분부터 6시까지 유튜브 라이브로 잔잔한 독서 음악과 책을 읽는 나의 모습을 영상으로 송출하고 30분 독서 후 네이버 밴드에 인상 깊은 오늘의 한 줄을 인증하는 온라인 비대면 독서 클럽이다. 미모리 독서 클럽은 두 번째 개편으로 나잇봇이라는 AI 채팅 시스템을 도입하여 유튜브 라이브 간 회원들의 실시간 채팅에 대해 AI가 채팅으로 소통하는 시스템을 시도했고 현재는 세 번째 개편으로 메타버스 젭(ZEP) 플랫폼을 활용해서 젭 도서관을 운영하고 있다. 21일을 한 기수로 하여 지금까지 19기까지 운영하였다. 네이버 밴드에는 100명 가까운 선생님들과 소통하며 새벽 기상과 독서를 함께하며 성장하고 있다.

3년간의 새벽 독서는 코로나 19 업무로부터 소진된 나를 일으켜 세우고 미래를 향한 도전으로 이끌었다. 특수교육 대상자를 위한 그림책 성교육 연구회 팀장, 서울특별시 교육청 학교보건 및 성교육 컨설팅 위원, 한국교육학술정보원 온라인 지식공유 서비스 지식샘터 연수 강사 등 끝나지 않는 코로나19 상황 속에서도 성장할 수 있는 도약대가 되었다. 당신의 인생을 가장 짧은 시간에 가장 위대하게 바꿔줄 방법은 무엇일까? 나는 단연코 독서라고 생각한다. 여러분이 원할 때 손만 뻗는다면 시공간을 초월한 세계적인 천재를 멘토로 만날 수 있다. 지치고 힘든 희망이 없는 인생 그래프의 최저점을 찍고 있다면 3일만 시도해 보라. 미라클 모닝 리딩! 치유와 성장의 기적을 경험할 수 있을 것이다.

상처 치유를 위한 최고의 명약, 글쓰기

어린 시절, 독립하고픈 마음과 자유로운 삶을 동경하며 빨리 어른이 되길 희망했던 청소년기가 있었다. 막상 20대가 되니 어른의 삶이 꿈속의 달콤함으로만 가득하진 않았다. 직장이라는 곳에서 다양한 사람을 만나고 관계를 이어가는 방법을 배우고 경험치가 모두 다른 사람들과의 관계가 어렵다는 것을 느끼고 상처받고 좌절했던 순간이 이어졌다. 직장생활이든 남녀 간의 연애든 희망과 꿈으로 말랑말랑하던 나의 20대는 관계 속에서의 생채기가 흉터를 남기고 아물며 진정한 어른이 되어가고 있었다.

국군간호사관학교 생도 시절은 부모님이라는 동그랗고 따뜻한 울타리를 벗어나 혈혈단신으로 네모와 세모가 가득한 차가운 공간에 던져진 느낌이었다. 군대의 규율 속에서 모두가 같은 시간과 장소에서 같은 음식을 먹고 같은 옷을 입으며 간호학과 군사학을 공부하고 간호장교라는 표준화된 리더로 길러졌다. 생도 1학년 1학기 기숙사를 배정받은 동기들은 강원도, 충청도, 전라도, 경상도 지역 출신 4명이 같은 호실이었다. 19년 동안 강원도 고향을 벗어나 본 적이 없었던 강원도 토박이인 나는 호실 동기의 사투리를 알아듣지 못했다. 살아온 환경이 다르고 출신 지역마저 모두 달랐다. 생도 생활이라는 규율과 압박 속에서 갈등은 매일 이어졌다. 제복을 입은 훈육진과 보기만 해도 숨고 싶은 선배 생도들 틈에서 나의 복잡한 감정을 이야기할 곳은 어디에도 없었다.

그때 꺼내 든 것은 수양록이었다. 수양록은 대한민국 군인이라면 누구나 아는 물건일 것이다. 신병 또는 훈련병에게 지급하는 군 보급품 중 하나로 쉽게 말하면 군인용 일기장이다. 난생처음 겪어보는 군대라는 계급 사회와 자신의 신체적 한계를 시험하는 고된 훈련은 자연스럽게 펜을 들고 복합적인 감정을 수양록에 토로하게 만든다. 사관학교 입교 전 가입교(정식 입교 전 훈련소와 유사한 군 적응 훈련 과정) 때 수양록을 처음 받고 일과가 끝나면 수양록을 작성하는 시간이 있었다. 수양록 쓰는 시간이면 어디선가 콧물을 훌쩍이는 소리가 들린다. 수양록은 선배 분대장 생도들이 모니터링을 한다. 가입교 과정에서 적성에 맞지 않아 퇴교 절차를 밟는 일도 있기에 수양록을 관찰하며 분대장 생도들과 훈육진이 예비 생도를 격려하고 적응이 어려운 예비 생도들은 상담을 통해 도움을 주기도 했다. 정식 입교 후에는 자율적으로 작성하지만 나는 힘든 1학년 생도 생활 중 어디에도 나누기 힘든 감정을 수양록에 적기 시작했다. 수양록을 통한 글쓰기로 나의 감정을 바라보고 힘든 감정도 마구 글로 써 내려가며 수양록을 감정의 쓰레기통처럼 사용하기도 했다. 신기하게도 글을 쓰는 과정을 통해 어두운 우울과 분노의 감정을 다스릴 수 있었다. 내 인생 격변의 시기 수양록 글쓰기를 통해 단단한 간호장교로 성장할 수 있었다.

간호장교로 임관 후 군 병원 근무에 적응하고 결혼과 출산 그리고 육아라는 발달 과업의 허들을 열심히 넘으며 치열한 삶을 살아왔다. 간호장교 퇴역 후 보건교사로 전직을 꿈꾸고 기간제 보건교사로 주경야독하며 임용에 성공했다.

인생의 장애물을 열심히 넘고 달려왔더니 어느덧 13년 차 보건교사가 되었다. 하루 24시간이 모자란 삶 속에서 나를 돌아볼 여유는 없었고 글 쓰는 삶과는 거리가 멀어졌다. 그저 연로하신 부모님을 살피고 가족을 위한 책임감으로 주어진 일에 최선을 다하며 살았다. 마흔의 나이가 되어 돌아본 삶은 어린 나이에 책임을 빨리 배우고 나의 욕구를 다른 사람의 기쁨을 위해 희생한 시간이 많았다. 자기 삶의 의미나 정체성에는 관심을 갖지 못했다. 그런데 역설적으로 2020년 보건교사에게 찾아온 최대

위기 코로나19를 만나면서 찾아온 소진과 함께 지친 나를 들여다보는 인생의 쉼표를 마주했다. 출근하면서 퇴근까지 방역업무로 인한 초긴장의 삶은 끝날 기미를 보이지 않았다. 끝이 어디인지 모르는 달리기는 순간순간 포기하고 털썩 주저앉고 싶을 때가 많았다. 실제로 동료 보건교사 중 막중한 방역업무와 감당할 수 없는 업무 분장 그리고 코로나19 대응에 대한 학부모 민원으로 정신과 진료를 받는 사례도 생겨났다. 눈뜨면 고통스러운 시간으로 시작하는 하루가 연일 이어졌다. 도저히 나의 일과 중에 숨 한번 편하게 쉴 틈이 없었다.

그때 내가 잡은 생명줄은 바로 새벽 기상이었다. 새벽 5시에 기상하며 바로 몽롱한 상태에서 거르지 않고 나오는 생각과 감정을 컴퓨터 자판으로 쏟아냈다. 방역업무 중 겪은 갈등, 유증상 학생 귀가 조치 중에 발생한 학부모의 민원, 학교 일 외에 내가 해결해야 하는 가족의 일들, 힘든 나의 감정을 살펴주지 않는 가족에 대한 원망 등 하얀 바탕에 커서만 깜빡이던 컴퓨터 모니터는 어느새 검은 글씨로 가득 차 있었다. 그렇게 쏟아내고 나면 정신이 맑아지고 남의 탓만 하던 나의 감정이 나를 향하고 있음을 발견했다. 글쓰기의 주인공인 나를 괴롭힌 타인에 대한 원망보다는 그 사람의 입장에서 생각해 보는 나를 발견하고 나쁜 감정은 키보드 자판 속으로 흘려보냈다. 결국 남은 건 나라는 사람을 높은 하늘에서 바라보는 자신이었다. 감정은 빠지고 그 당시의 상대방의 입장과 나의 입장 그리고 앞으로 삶의 방향에 대한 기준이 보이기 시작했다. 몽롱한 새벽의 글쓰기는 수많은 상처를 스스로 치유하고 보듬는 하루를 여는 의식이 되었다.

새벽 기상 글쓰기는 온라인 플랫폼 글쓰기로 확장했다. 2017년부터 2019년까지 중국 대련 한국국제학교의 초빙교사로 근무하던 시절의 이야기를 네이버 블로그에 정리하기 시작했다. 도전부터 우여곡절이 많았던 이야기를 기억이 흐려지기 전에 기록으로 남기고 싶었다. 블로그 글은 쌓여가고 블로그 이웃도 늘어나며 글에 공감해 주는 분들과 소통하니 글쓰기가 즐거웠다. 블로그는 재외 한국학교 도전기에서 보건실 업무 이야기, 독서 후기로 확장했다. 블로그 발행 글에 재외 한국학교로 해시태그를 했더니 관심 있는 선생님들이 블로그 글을 읽고 재외 한국학교에 대한 궁금증을 댓글에 남기고 공감도 표시해 주셨다.

우리나라의 각 지역, 심지어 중국에 계신 분들과의 글로벌한 소통으로 확장되었다. 댓글을 읽던 중 익숙한 닉네임의 글이 눈에 들어왔다. 중국 대련 한국국제학교에서 함께 근무했던 초등 선생님이셨다. 난 2019년 귀국해서 원적교로 복직했지만, 그분은 계약을 연장하여 초빙교사 근무를 지속하고 계신 분이었다. 어느 날 선생님께서 나의 블로그 글을 읽으시고 놀라운 제안을 해주셨다. 재외 한국학교 도전기를 교육신문에 연재하자는 제안이었다. 이미 교육 관련 서적을 여러 권 집필하신 작가이자 연구에 진심이신 선생님의 제안에 심장이 두근거렸다. 나의 도전기가 교육신문에 실리고 여러 사람에게 읽힌다고 생각하니 두렵기도 했다. 연락을 준 선생님은 대련한국국제학교 근무 경험이 있는 교사와 현재 근무하고 계신 선생님까지 네 분을 섭외했고 개인당 8주씩 32주의 연재를 기획했다. 교육플러스라는 교육신문에 연재를 시작하며 새벽 시간 글쓰기는 나만의 글쓰기가 아닌 재외 한국학교 도전을 위한 안내서 역할을 할 소명이 담긴 글이 되었다. 월화수목 새벽 글쓰기 그리고 금요일 퇴고하는 과정을 거쳐 매주 한 편씩 연재를 이어갔고 32주 연재를 마치고 네 분 선생님의 귀한 경험이 담긴 글이 모여 《4인 4색 재외 한국학교 도전기》라는 재외 한국학교 안내서가 출간되었다. 새벽 글쓰기는 개인의 마음 돌봄과 상처 치유의 역할을 넘어 작가로의 성장과 내 이름이 인쇄된 저서를 선물해 준 감격적이고 행복한 경험까지 선사해 주었다.

새벽 글쓰기는 2020년을 시작으로 3년이 지난 지금도 이어지고 있다. 코로나19로 보건교사 인생의 최대 위태로운 시간을 경험했지만 돌아보니 새벽 글쓰기를 통해 어느 때보다도 마음을 세심하게 돌보고 보건교육과 보건업무에 대한 창의적인 아이디어를 많이 얻은 시간이 되었다. 글쓰기는 매일 매일 다양한 감정의 상처로부터 스스로를 치유하는 힘을 주었다. 아무도 방해하지 않는 푸른 새벽의 어두움 속에서 따뜻한 스탠드 빛 아래 글을 쓰고 새로운 하루를 시작하며 마음과 정신의 건강을 얻었다. 마음과 정신의 건강은 더 나아가 내가 삶을 긍정적으로 바라보고 새로운 삶에 도전하고 최악의 상황에서도 포기하지 않는 에너지를 충전해

주었다. 상처 치유와 자기 성장의 최고의 명약 글쓰기, 그 어떤 상담 치료보다도 효과적인 셀프 상담 치료라고 말하고 싶다. 나의 마음을 돌보고 잠자고 있는 창의성을 깨우는 일! 바로 모닝페이지였다. 많은 비용과 도구도 필요 없다. 펜과 종이만 필요할 뿐.

나만의 키오스크를 찾아서

"知之者, 不如好之者, 好之者, 不如樂之者."

　지지자, 불여호지자, 호지자, 불여락지자

공자께서 말씀하셨다. "무언가를 안다는 것은 그것을 좋아하는 것만
못하고, 좋아하는 것은 즐기는 것만 못하다."_제6편 옹야 18_

　어떤 분야에서든 좋아하는 자를 이기지 못하고 즐기는 자는 더 이길 수
없다는 표현을 종종 듣게 된다. 마흔의 나이를 지나고 그 나이의 중턱을
넘으니 공자님의 말씀이 삶의 본질을 뒤흔드는 진리라는 사실을 알아가
는 중이다.

　국군간호사관학교 생도 시절, 난 불량 생도였다. 동기들이 보면 뭐라
고 할지 모르겠지만 나의 기준에선 불량하기 그지없었다. 강원도 산골

소녀에게 넉넉지 않은 가정환경에 경험하는 인생이란 학교와 집을 오가며 얻는 것이 전부였다. 성실하게 삶을 살아가신 아버지의 유전적 진화의 산물인 나는 감사하게도 성실함은 남 못지않았다. 덕분에 착실히 쌓은 내신 성적으로 국군간호사관학교에 합격하고 전국에 성실함과 재능까지 겸비한 멋진 동기들을 만나게 되었다. 동기들을 보며 난 우물 안 개구리였다는 자각을 통해 자존감이란 것이 한순간 불타버린 한 줌의 재가 되는 경험을 했다. 입학 후 몇 개월 동안은 군대라는 새로운 조직에 적응하느라 정신을 차릴 수 없었고 간호학 수업을 들으며 똑똑한 동기들 틈에서 산골 마을의 경험 치로는 이해하기 어려운 공부를 따라가느라 숨이 막힐 지경이었다. '이곳에서 살아남을 수 있을까?'라는 고민을 계속했다. 제복을 입은 멋진 생도라는 페르소나 속 나의 모습은 겉모습과는 다르게 한없이 작아지고 있었다. 갈피를 못 잡는 생도 생활 속에서 여러 가지 일들로 벌점도 받고 벌 구보도 많이 뛰었다. 공부도 열심히 하고 생활도 성실히 하는 생도가 아닌 내 안의 기준에서 자신을 불량 생도라는 낙인을 찍었다. 4년의 생도 생활 그리고 간호장교로 임관하여 생활할 미래가 깜깜하기만 했다.

생도 생활이 모두 엉망인 기억만 있는 것은 아니다. 열정과 시간을 제일 많이 할애하며 활동한 부분이 하나 있었다. 바로 방송부 활동이었다. 예민한 편도체의 청소년기를 라디오와 음악을 끼고 살았다. 그 기억으로 내가 좋아하는 음악을 마음껏 듣고 음악방송을 만들 수 있는 방송부 모집에 응시원서를 제출한 것은 갓 스무 살이던 나에게 인생 처음으로 오롯이 스스로 한 도전이었다. 원서를 제출하고 주체할 수 없는 감정들로 벅차올랐다. 어른으로 한 첫 결심과 행동이었다. 당락은 중요하지 않았다. 그저 독립적으로 생각하고 도전한 내 모습이 대견했다. 방송부 선배들이 주관하는 면접에 참여했고 그때의 긴장과 낯선 공기가 아직도 생생하다. 가장 좋아하는 음악이 무엇이냐고 질문하던 선배의 모습도 떠오른다. 고등학교 때 빠져있었던 김광석의 음악이라고 대답했던 기억, 그리고 합격자 명단에 또렷이 쓰여 있던 내 이름 세 글자. 20년이 훨씬 지났지만, 그때의 두근거림을 내 몸이 기억하고 있다.

잔뜩 기대감으로 시작한 방송부였다. 행복은 달지만 짧고, 고통의 시간은 쓰고 긴 것처럼 방송부는 고통의 시간이 참으로 많았다. ANBS(Armed Nursing Broadcasting System) 라는 멋진 방송부 이름 대신 동기들 사이에서는 교육 방송으로 더 많이 불렸다. 시도 때도 없이 선배들의 교육 호출이 계속되어 생긴 방송부 별칭이었다. 방송부 동기가 아침 기상방송에 비상 상황 사이렌을 잘못 틀어서 연대 책임이라며 방송부 동기들이 전투복을 갈아입고 선배들에게 정신 교육을 받기도 하고 방송부 청소가 엉망이라고 불려가서 교육받기도 했다. 1학년 새내기 방송부원의 해프닝이 군기 가득 교육으로 이어진 순간들이다. 2, 3학년이 되어도 고통의 시간은 계속되었다. 일 년 중 제일 큰 행사인 방송제 준비를 주도적으로 이끌어야 하는 책임이 있었고 제작 기술을 맡고 있었던 나는 학교에서 비싼 장비 중에 하나로 꼽히는 편집기를 밤새 만지며 영상을 만들었다. 불면의 시간 속에 몸과 마음이 힘들기는 했지만, 신기하게도 그 순간을 즐기고 있었다. 내 인생 처음으로 좋아하고 행복한 일을 찾은 순간이었다. 학교 축제 때 메인 프로그램 중의 하나인 방송제에 몇 달을 고생한 영상 작품을 올리는 순간 벅차오르는 감동에 온몸 세포 하나하나 떨리는 경험을 했다. 하지만 4년의 생도 생활을 마무리하며 간호장교로 임관하여 군 병원에서 근무해야 했다. 행복했던 방송부 일은 임관과 동시에 접어야만 했던 나의 첫사랑이었다.

간호장교 생활을 마치고 제2의 직업인 보건교사로 지내며 다시 새로운 조직과 환경에 적응해갔다. 간호학과 군사학을 함께 배우고 군 병원에서 장군부터 훈련병까지 다양한 계급의 군인을 간호하며 경험한 10년간의 간호장교 생활은 어떤 조직에서든 적응할 수 있는 든든한 인생의 밑거름이었다. 임상경험은 보건교사로서의 시작에 큰 자신감을 주었다. 하지만 예상은 크게 빗나갔다. 첫 보건교사로 근무한 중학교에서 만난 학생들은 학교를 떠나있던 14년의 세월 동안 참 많이 변해 있었다. 편도체가 예민한 사춘기 중학생들과의 소통이 쉽지 않았다. 기간제 교사라는 불안정한 계약직 신분은 나를 더 위축시켰다. 그러나 10년의 병원 근무 시절 다양한 응급상황을 경험하며 쌓은 임상경험은 학교 내 응급처치 중에 큰 힘을 발휘했다. 1년 6개월의 기간제 교사 생활은 임용고시 도전에 대해 결심할 용기를 주었다. 사립특수학교의 공립 위탁시험으로 임용에 성공하며 또 다른 고비를 맞았다. 장애 학생들에 대한 이해가 전혀 없던 나는 학생들의 수준만 초등 저학년 수준으로 맞추면 될 것이라는 안일한 생각을 했다. 초등 5학년 첫 수업에서 난 아무것도 할 수 없었다. 준비한 프레젠테이션 자료의 글을 읽을 수 있는 학생은 아무도 없었다. 제자리에 착석하지 못하고 책상 밑으로 기어들어 간 학생과 보건교육실을 쉼 없이 돌아다니는 학생 그리고 책상을 손으로 치는 상동행동을 수업 시간 내내 하는 학생들이 있었다. 보건교사의 삶에서 가장 큰 좌절의 순간이었다. 장애학생을 위한 나의 역할에 대한 고민을 오랜 시간 지속했다. 장애 학생을 위한 성교육 연구를 용기 내 제안했다. 중, 고 특수교사 두 분과 함께 2016년도 연구회를 꾸려 2015년에 발표된 국가 성교육 표준안의 성교육 요소를 특수학교 교육과정과 연결하는 연구를 시작했다. 특수학교 보건교사 3년 차에 사관학교 1학년 때 용기 내 방송부 응시원서를 제출한 후 다시 도전한 순간이었다. 특수교사분들과 연구를 함께하며 장애 학생의 특성을 조금씩 이해했고 성교육 분야 자료가 부족하다는 사실을 알게 되었다. 연구를 계속하며 장애 학생 성교육에 대한 실마리를 찾을 것 같았던 순간 어쩌다 재외 한국학교 초빙교사로 중국 대련으로 파견을 가게 되었다. 3년의 시간을 보내고 2020년 귀국을 했다.

아네테 멜레세의 키오스크(Kiosks) 그림책은 작은 가판대 안에서 살아가는 올가의 이야기를 담고 있다. 올가는 좁은 가판대인 키오스크에서 머물며 살이 찌고 움직이기조차 힘들지만 어느날 키오스크가 넘어지며 꿈꾸는 석양을 직접 보는 기회를 얻는 이야기가 담긴 그림책이다. 이 그림책을 읽으며 키오스크 가판대가 보건실처럼 느껴졌다. 출근과 동시에 응급상황이 언제 발생할지 모르는 불안감에 키오스크 같은 보건실 안에서 옴짝달싹 못 하는 보건교사의 모습이 주인공 올가와 겹쳐졌다. 재외 한국학교 초빙교사 생활은 보건실이라는 키오스크가 넘어지는 순간이었다. 전국에서 모인 초빙교사 선생님들과 다양한 프로젝트로 협업하며 마치 바다를 떠다니며 멋진 석양을 맞이하는 경험을 하였다.

   3년 후 돌아온 특수학교는 여전히 장애 학생 성교육 자료에 대한 개발은 미미했다. 용기를 내어 세 번째 도전인 그림책 성교육 연구를 위해 서울특별시 특수학교 보건 선생님들과 뜻을 모으고 2년간의 연구를 지속했다. 어느덧 나의 키오스크는 내가 좋아하는 그림책으로 가득 차고 있었다. 알록달록 아름다운 색으로 펼쳐진 그림책을 활용한 성교육은 장애 학생들이 너무나 좋아했다. 그림책을 펼치면 똘망똘망한 눈으로 내가 넘기는 다음 페이지를 기다리는 모습에 그림책을 읽어주는 나의 목소리는 더 맛깔나게 나왔다. 이제 난 올가처럼 나의 키오스크를 좋아하는 것으로 가득 채우기도 하고 때론 키오스크를 벗어나 바다의 석양을 보기도 한다. 타 교과 연구회와 협업을 하고 아이디어를 얻어 나의 보건 수업에 적용하기도 한다. 지금은 긴 고민 끝에 나만의 키오스크 보건실에서 행복한 보건교사의 삶을 누리고 있다. 진정 나의 일을 좋아하고 즐기는 상태가 되었다. 키오스크를 찾기 위한 고민의 시간은 답답하고 지루하다.

하지만 그 시간 없이 해답은 찾을 수 없다. 나만의 키오스크를 찾기 위한 고민의 시간을 즐겨보길 바란다. 분명 여러분만의 키오스크는 가까이에 기다리고 있을 것이다.

제2장
보건교사는 보이는 것만 믿지 않는다

최소정

내가 보건교사가 된 이유

나는 일주일에 세 번 정도 필라테스를 하고 있다. 아파트 단지 안에 커뮤니티센터 내에서 강습을 받고 있어 같은 아파트 주민들과 필라테스를 할 수 있는 점이 참 좋다. 마침 같은 시간대에 강습을 들으시는 회원님들의 자녀들이 우리 집 아이들과 같은 또래라 아이들 학교 이야기나 입시 이야기들을 함께 나누는 정보의 장이 되기도 한다. 올 해는 한 회원님의 자녀가 좋은 대학의 간호학과에 입학한다는 이야기를 듣게 되었다. '입시로 많은 고민을 했을 텐데 간호학과에 가게 되었다니 나의 후배가 또 한 명 생기는구나!' 하는 반가움도 들었지만 '고생할 텐데 걱정이네!'라는 생각도 들었다. 주변 사람이 간호학과에 합격했다는 말을 들을 때면 솔직히 나는 100% 축하한다고 말해 주지 못한다. 왜냐하면 지식과 실무에서 얼마나 많이 공부해야 하는지 너무 잘 알고 있기 때문이다. 간호학과는 유독 공부할 내용이 많다. 다양한 교양과목을 들으며 나의 진로를 탐색하는 여유롭고 낭만 가득한 대학 생활을 꿈꾼다면 그 꿈은 빨리 깨는 것이 좋다. 간호학은 인간을 바라보는 학문이다. 그래서 과학적이면서 인간지향적인 학문이다. 가끔은 간호학과를 단순 직업인을 양성하는 학문으로 오해하는 경우도 있다. 하지만 간호학과에 진학한다는 의미는 직업을 넘어서 책임과 희생정신을 함께 가져가야 할 특별한 의미를 지닌다. 나이팅게일 선서를 하면서 간호학과 학생들은 간호사로서 헌신해야 할 윤리와 희생·봉사·장인정신을 담은 간호원칙을 지키기 위해 스스로 선서를 통해 타인과 자신 앞에 약속한다.

벌써 20년이 넘은 과거가 되었지만 내가 간호학과에 가게 된 이유는 단 한 가지였다. 아버지는 내가 병원에서 일하길 원하셨다. 집안사람들이 의사가 많은 이유가 제일 컸지만 나는 의대에 갈 만큼의 성적이 나오지는 않았다. 그 대안은 간호대였다. 아버지에게 "나는 간호학과가 적성에 맞지 않아요."라고 말해 보았지만, 아버지는 "적성이 없다면 적응을 하면 된다"라는 답변을 주셨다. 몰래 재수해 보려는 시도도 해 보았지만, 아버지에 들켜 결국 간호학과를 졸업하고 간호사가 되었다. 처음엔 중환자실에서 근무했다. 매일 죽음을 맞이하는 일은 아무리 내가 간호사 정신으로 무장한 사람이더라도 감당하기가 어려웠다. 결국 수술실 쪽으로 업무부서를 옮겨 근무하게 되었다. 내가 하는 일은 마취과 업무였는데 3 교대를 하지 않아도 된다는 점이 내가 그나마 간호사 생활을 유지하게 해주는 유일한 이유였다. 전국에서 환자가 몰려오는 강남의 큰 기업병원이라서 정말 다양한 사례의 수술을 볼 수 있었다. 시간이 흘러 좋은 사람을 만나 결혼도 하게 되고 아이도 낳게 되었다. 보통 그 시기가 되면 간호사들은 고민하게 된다. 이 길을 계속 가야 할 것인가 아니면 다른 길을 찾아야 하는가. 아이를 키우다 보니 개인 시간이 많이 필요하게 되었고 그런 면에서 병원 근무는 애로 사항이 많았다.

그런 고민을 하던 중 아는 교사에게서 내가 학교에 근무하면 잘 어울릴 것 같다는 조언을 듣게 되었다. 벌써 나이는 40이 다 되어가는데 내가 학교로 가서 잘 할 수 있을지 고민이 되었다. 그래서 내가 학교에 어울리는 사람인지 아닌지 먼저 테스트를 해 보기로 했다. 그래서 무턱대고 임용고시를 보지 않고 먼저 기간제 교사로 경험해 보기로 했다. 먼저 교육청 홈페이지에 구인공고가 난 학교에 원서를 넣어 보았다. 첫 번째 면접을 하러 간 고등학교에서 면접이 끝나자마자 같이 일하자는 말씀을 해주셨다. '경험도 없는 날 뽑으신 이유가 뭐지?' 하고 생각했었지만, 어찌되었든 그렇게 운 좋게 학교생활을 시작해 볼 수 있었다. 1년간 보건실에서 근무해 본 뒤 건강하고 밝은 아이들을 만나는 일은 나의 적성에 너무 잘 맞는다는 결론에 도달하게 되었다. 나는 친절했고 아이들은 나를 많이 좋아해 주었다. 하지만 입시가 중요한 고등학교에서는 보건교사에게 수업의 기회가 잘 주어지지 않았다. 보건교사로서 수업해 보는 경험은 내가 임용고시를 준비해야 할지 결정할 중요한 조건이었다. 그 당시 내가 근무하던 학교는 보건교사 미발령 교로 나에게 몇 년이고 근무할 수 있다고 하셨으나 나는 수업을 해 보고 싶다고 교장 선생님께 말씀드리고 특성화고등학교의 간호과 교사로 자리를 옮겼다.

특성화고등학교의 간호과 교사는 보건실에서 근무하는 교사가 아닌 수업을 하는 교사이다. 사람들이 흔히 알고 있는 일반 교사와 똑같은 교사라고 생각하면 된다. 나는 그곳에서 담임도 하고 다양한 간호과목들의 수업을 했다. 기초간호임상실무과목과 보건간호과목을 주로 맡아서 가르쳤다. 그곳에서의 경험은 내가 임용고시를 봐야겠다고 마음 먹을 만큼 값졌다. 수업을 하고 학생들과 교감하는 일은 그동안 내가 해 본 일 중 가장 나를 행복하게 해주었다. 물론 할 일이 무척 많았지만, 그것을 상쇄할 정도로 아이들은 나에게 힘을 주었다. 그 당시 내가 맡았던 학급의 아이들이 24명 정도였는데 나는 나의 자식은 26명이라고 말하고 다니곤 했다. 집에 있는 자녀 2명과 우리 반 아이들 24명을 합쳐서 그렇게 말한 것이다. 그때 그 아이들은 이제 군대를 다녀온 친구도 있고 대학을 졸업한 뒤 취업을 한 친구들도 있다. 나는 아직도 그 아이들을 마음 깊이 늘 응원하고 잘 되길 기도하고 살고 있다. 임용고시를 볼까 고민을 여러 해 했지만 임용고시를 보면 주로 보건실로 발령이 나기에, 특성화고에서 학생들을 가르치는 게 적성에 맞았던 나는 몇 년을 망설이며 사립 특성화고에 자리가 나기를 기다렸다. 그러나 사립학교의 특성상 공석의 기회가 잘 오지 않았다. 그래서 결국 임용고시를 보게 되었는데 학교에 근무하면서 임용고시 공부를 하다 보니 정말 힘들게 공부했던 기억이 있다. 고등학교 때 그렇게 공부했다면 아버지의 바람대로 의대에 갈 수 있었지 않았을까 생각도 해 보았다. 그때는 밥 먹는 시간과 잠자는 시간을 빼고는 모든 시간을 공부했다. 심지어 샤워하거나 화장실을 갈 때도 입으로 중얼거리면서 공부했었다. 임용고시 합격 후 나는 다시 보건실에서 근무하는 보건교사가 되었다. 학생들과의 수업 시간을 놓치고 싶지 않아서 다양한 수업 시간을 확보하려고 노력했으나 쉽지는 않았다. 그 대안으로 나는 온라인 공동교육 과정을 통해 학생들과 만나 수업하고 있다. 온라인 공동교육과정은 지역 교육청 내 다양한 학교의 학생들이 학교 내에 수업이 없지만 듣고 싶은 수업이 있을 때 정규교육과정처럼 온라인으로 이수를 할 수 있는 교육과정이다. 정규교육과정과 동일하므로 세부능력특기사항이 기재되는 정규수업이다. 주로 의료계열 진학을 원하는 고등학생들과 수업하게 되므로 학생들의 진로에 도움을 줄수 있고, 학생들의 관심과 참여가 높아 즐겁게 수업을 하고 있다.

　간호학과를 나오고 간호사가 되어 의료현장에서 열심히 살았었지만, 간호사들은 누구나 한 번쯤 병원이 아닌 곳에서의 삶을 꿈꾸곤 한다. 나도 미국 간호사가 될 건지 아니면 사업을 할건지 등 많이 고민했었다. 하지만 결국 나는 학생들과의 삶을 선택했다. 보건실은 아픈 학생들이 주로 오기 때문에 예전에 특성화고에서 교과 교사를 했을 때보다는 학생들과의 접촉점이 많지는 않다. 보건실은 주로 오는 학생들만 주로 오는 경향이 있어 모든 학생을 다 만나게 되는 것 같지는 않다. 고등학교 시절 내내 3년 동안 나를 한 번도 못 본 친구들도 있다고도 들었다. 나조차도 초·중·고교 시절을 통틀어 학교에 보건실이 어디에 있는지 알지도 못했을 만큼 보건실에 방문해 본 적이 없었다. 나에겐 그런 곳이었던 보건실을 재미있게도 나는 나의 제2의 직업으로 선택하게 되었다. 나는 학생들과의 삶을 선택했고 학생들의 삶에 건강하고 건전하고 미래지향적인 영향을 주는 교사가 되고 싶다. 그래서 수업 시간이 많지 않지만, 수업을 지속하려는 노력을 계속할 것이고 가끔 힘들 때도 있지만 아이들에게는 친절하려는 노력을 계속할 것이다. 이 아이들은 나의 자식과 똑같다는 마음을 늘 가지고 살아가려고 한다.

보건교사는 늘 자기검열을 한다

20년 전 처음 간호사가 되었을 때 나의 첫 근무지는 중환자실이었다. 대부분 간호사는 3교대를 하는데, 근무에 앞서 앞 근무자들에게 근무상황에 대한 인계를 받고 근무한다. 나는 앞 근무자들에게 인계받은 후 약품이 제대로 준비되었는지, 물품이 제대로 있는지 진짜로 준비가 잘 되었나 늘 다시 확인하곤 했다. 수술실에서 근무할 때도 수술 부위가 오른쪽인지 왼쪽인지, 이 환자가 수술할 환자가 맞는지 확인했다. 남들이 보면 얼토당토 않을 기본적인 것까지 확인하고 또 확인했다. 왜냐하면 한 치의 실수가 용납되지 않는 곳이었고 그 실수는 환자의 생명과 직결되기 때문이었다. 또 다른 이유도 있었다. 나의 실수로 인해 다른 동료들이 피해를 보면 안 되기 때문이다.

그 습관 때문인지 난 보건교사가 된 후 학교에 와서도 확인하고 또 확인하는 습관을 버리지 못했다. 그걸 곁에서 자주 경험한 어떤 동료 선생님은 나에게 FM4 YOU 라는 별명을 붙여 주기도 했다. 하지만 나는 정작 그 습관이 불편했었는데 그건 너무 긴장 속에서 살아가야 하기 때문이었다. 그것은 비단 나뿐만이 아니라 대부분의 간호사 그리고 보건교사가 가진 직업병이 아닐까 싶다.

오늘도 나는 학생의 이름과 반, 번호를 묻고 학생이 호소하는 다양한 증상에 관한 이야기를 자세히 듣는다. 어제 만났었고 내가 아는 학생이어도 그 질문은 변함이 없다. 학생의 이름과 반 번호를 묻는 건 가장 기본적이고 필수적인 질문이기 때문이다. 때로는 학생들이 내가 이름을 물으면 서운해하기도 한다.

"아, 선생님 저 아까 왔었잖아요. 저 이름 모르세요?"

"응, 알지 그래도 가장 중요한 정보를 확인하는 거야."

이제는 아이들도 보건실에 오면 자신의 이름을 선생님이 내 이름을 알든 모르든 말해야 한다는 걸 잘 알고 있다. 아는 학생이어도 내가 혹시 학생들을 착각할 수도 있어서 나는 학생의 이름을 정확히 입력하고 학생이 보건실에 다녀갔던 이력을 제일 먼저 살펴본다.

2020년부터 시작된 코로나19 신종감염병은 전 세계를 집어삼켰다. 국가별로 철저한 방역을 유지하기 위해서 코로나19 방역 대책은 수시로 바뀌고 수정되었다. 이는 학교에서도 마찬가지였고 모든 교직원은 수시로 바뀌는 대응 지침을 따르는게 여간 힘든 일이 아니었다. 그 중심엔 감염병 예방의 컨트롤타워 역할을 하던 보건교사의 고충도 이만저만이 아니었다. 수시로 바뀌어 내려오는 방역지침은 헷갈리기도 하였거니와 여러 지침과 섞이어 충돌되는 부분들이 생겼었다. 학교에서는 교직원·학생·학부모에게 정확한 지침을 안내해야 했고 그 정확한 지침에 대해 보건교사들은 늘 질문을 받을 준비를 해야 했다. 그러자면 보건교사가 코로나19 방역지침에 대해 모르는 것이 있으면 안 되었고 완벽한 이해를 하고 있어야 했다. 대부분의 보건교사가 그랬었겠지만 나 또한 수시로 바뀌는 방역지침을 읽고 또 읽고 해석하고 또 해석했었다. 약간의 애매함도 용납할 수 있는 상황이 아니었다. 어떤 질문이 나와도 시원하게 답변할 수 있어야 했다. 보건교사들은 이해가 조금이라도 안되거나 다른 지침과 충돌되는 지점이 보이면 각 관계기관에 전화로 또는 메신저로 문의하고 함께 공유했다. 그래도 해결이 되지 않는 부분은 며칠을 고민하고 고민해서 기준을 만들어갔다.

대부분의 학교에서 보건교사는 1명이다. 누구에게 일을 미루거나 대신해 달라고 할 수가 없다. 그래서 그 책임감이 너무도 막중하다. 사람들은 때론 보건교사가 보건실이라는 별도의 공간에서 근무하는 걸 부러워하기도 한다고 들었다. 하지만 보건실에 앉아 그 막중한 책임감을 느낄 때면 나는 때론 이곳을 탈출하고 싶다. 그래서 그 막중한 책임감에서 벗어나기 위해 내가 선택한 방법은 자기검열이었다. 내 업무에 대해 잘 알고 있어 자신감이 생길수록 실수를 줄이고 무거운 책임감이 조금은 가벼워진다. 내가 하는 일을 잘 모르겠고 오리무중일 때 가장 힘든 직업은 의료인이라는 직업이다. 그래서 실수가 있으면 안 되는 나와 같은 직업의 사람들은 실수를 줄이기 위해 늘 자기검열을 한다.

　보건교사의 자기검열은 감염병에만 국한되는 것은 아니다. 보건실 내 약품의 유통기한이 지나지 않도록 깨알 같은 글씨의 유통기한을 매일 확인하고, 약품이 부족한 것은 없는지 매일 수량을 체크하고 부족분을 주문하여 채워 넣고, 학생들의 안전을 위해 보건실 기구들을 매일 소독한다. 침구를 주기적으로 교체하고 세탁을 맡기고, 감염병이 확산하지 않도록 학생들이 머물다 간 자리를 늘 소독하고 환기한다. 아무도 보지 않는 곳에서 일하고 있지만 보건교사는 그 속에서 늘 배우고 익혔던 습관처럼 자기검열을 하고 있다. 보건교사가 보건실에서 그렇게 일하고 있는 모습은 잘 보여지지 않는다. 그래서 때로는 보건실 내에서 어떤 일들이 일어나고 있는지 잘 모르는 사람들에 의해 보건교사들은 오해받곤 한다. 아마도 보건교사들이 편안하게 여유가 있다고 생각하는 것 같다. 가끔 가수 장기하가 불렀던 노래의 가사가 떠오를 때가 있다. '니가 나로 살아 봤냐 아니잖아 어? 어? 아니잖아?' 가수 장기하 씨의 노랫말처럼 그럼에도 불구하고 나는 나의 일을 열심히 하려고 한다. 내가 나를 점검하고 내 일을 열심히 하고 있을 때 난 자신감을 느끼고 무거움(책임감)에서 해방이 되기 때문이다.

나는 아침에 일찍 학교에 오는 편이다. 아침에 일찍 오게 되면 주차장에 자리가 많아 주차가 쉽다. 또 출근과 동시에 학생들이 보건실 앞에 나를 기다리고 있을 때 컴퓨터도 켜지 못하고 허둥지둥 학생들을 케어해야 하는 상황을 별로 좋아하지 않기 때문이다. 내가 준비가 완료된 상태에서 학생들을 맞이 하는 게 나는 좋다. 오늘도 아침에 일찍 보건실에 출근하자마자 학생들에게 대여해줄 핫팩을 대우고, 공기청정기를 켰다. 가습기에 깨끗한 물을 담아 보건실의 습도를 적정 온습도로 만들기도 했고, 학생들의 앉을 자리를 알코올 티슈로 닦아놓기도 했다. 학생들의 기분을 좋게 해줄 양키캔들을 캔들 가온기로 데워 좋은 향을 피우고 꽃이 싱싱하도록 꽃병의 물을 바꾸어 주었다. 그러고 난 뒤 학생들을 맞이할 준비가 잘 된 것 같아 기분 좋게 일을 시작할 수 있었다. 보건실에서 매일 아침 첫 학생을 맞이할 때 나는 조금 더 준비된 상태에서 학생을 맞이하는 게 내가 더 전문성을 발휘할 수 있는 것 같아 좋은 것 같다.

이렇게 준비하다가도 하루 중 보건실에서 내가 제일 귀찮아하는 일이 있다. 그것은 바로 약품의 유통기한을 일일이 확인하는 작업이다. 약의 유통기한 표시는 깨알같이 작다. 정말 깨알이란 표현이 잘 어울릴 정도로 작게 표기가 되어 있어서, 읽기가 여간 힘든 게 아니다.약의 유통기한

이 지났다고 약 효과가 전혀 없는 것은 아니다. 하지만 약효가 떨어질 수 있고 부작용이 생길 수도 있으므로 매일 약품의 유통기한을 확인하는 작업을 하고 있다. 그러다 보니 보건실에 찾아오는 학생들을 틈틈이 케어하고, 교육청에서 내려오는 공문을 처리하거나 여러 가지 보건사업을 진행하는 것 외에도 나는 보건실 안에서 종종거리며 많은 일을 하고 있다. 그렇게 종종거리며 혼자서 일하다 보니 때로는 나도 보건실에 다른 부서 교사들처럼 동료 보건교사가 있었으면 좋겠다는 생각을 가끔 하곤 한다. 한 학교에 보건교사는 특별한 경우를 제외하고는 한 명이다. 그래서 내가 좁은 보건실에서 종종거리고 무언가를 해도 남들은 잘 모른다. 하지만 남이 알지 못해도 남에게 보이지 않아도 난 보건 전문가로서 늘 나를 점검하려고 한다. 남이 아닌 나에게 부끄럽지 않게 내가 자신을 인정할 수 있는 그런 보건교사가 되고자 하는 소망이 있기 때문이다.

보건교사는 보이는 것만 믿지 않는다

나는 몇 년째 온라인 공동교육과정을 하고 있다. 학교 내에 듣고 싶은 수업이 있지만 개설되지 않아 수업을 듣지 못하는 경우, 여러 학교 소속의 학생들이 온라인을 통해 수업을 이수할 수 있도록 해주는 교육과정이다. 나는 보건에 관심이 있거나 간호학과에 진학하고 싶은 학생들에게 도움을 주고 싶은 마음에 온라인 공동교육과정 수업을 진행하고 있다. 아마도 별일이 없는 한 수업을 계속 지속하게 될 것 같다. 올해는 5개 고등학교의 학생들을 가르치게 되었다. 첫 수업에 배우고 싶은 내용을 조사했는데, 학생들은 간호학과에서 무엇을 배우는지 가장 궁금해했다. 그래서 두 번째 수업에서 간호학과에서 배우는 주요 과목들에 대해 안내하게 되었다. 그 중 건강 사정이라는 과목을 설명하게 되었는데 다른 과목들은 과목명을 들으면 고등학생일지라도 대충 어떤 걸 배우는지 감을 잡을 수 있었지만 건강 사정은 어떤 과목인지 잘 이해하지 못했다. 나는 어떻게 설명할까 고민하다가 이렇게 말했다. "누군가 어디가 아프다고 호소하면 겉모습만 보고 어떤 문제가 있는지 추측이 힘들죠? 그래서 기계적, 화학적 도움이 없이 건강 상태를 파악하고 예측하게 해주는 체계적 자료수집 과정이에요. 그런 걸 배우는 과목이죠."라고 말했다. 학생들은 그제야 조금 이해가 된다는 듯이 고개를 끄덕였다.

대학시절 건강 사정이라는 과목을 배우며 내게 이 과목이 얼마나 효용이 있을까에 대해 의심했던 적이 있었다. 하지만 보건교사가 된 뒤로 나는 이 과목을 찬양한다. 보건실은 병원이 아니므로 병원에서 이루어지는 검사는 불가능하다. 그럴 때마다 내가 배웠던 건강 사정이라는 과목은 대상자의 건강정보를 수집하고 건강 위협을 예측하게 하는 데 큰 도움이 된다.

한 10년 전의 일이었다. 한 남학생이 축구를 한 뒤 넘어져 무릎에 찰과상을 입고 보건실을 찾아왔다. 그 당시 근무했던 고등학교는 운동장이 흙 운동장이었기 때문에 학생들이 운동장에서 넘어졌을 때 상처에 더러운 이물질들이 묻는 일이 다반사였다. 그 학생도 상처에 출혈로 인한 혈액 딱지와 흙들이 뒤엉켜 상당히 지저분한 상태로 보건실을 찾아왔었다. 아마도 유독 더러운 장소에서 넘어진 듯했다. 학생의 무릎 상태를 보았을 때 병원 치료를 받지 않으면 염증이 생길 확률이 높아 보였다. 제대로 응급처치를 한 뒤 병원을 보내야겠다고 판단했다. 보통 오염된 피부 외상 환자에게 제일 먼저 하는 일은 세척이다. 학생들은 비누로 상처 부위를 닦게 하면 기겁하기도 한다. 상처를 세척하는 것이 약간의 통증을 일으킬 수는 있다. 하지만 흙과 이물질을 세척을 통해 지워내는 건 소독에 앞서 중요한 일이다. 그 학생은 흙이 많이 묻어 내가 직접 상처 부위를 물과 비누로 세척해 주었었다. 그리고 소독과 멸균 거즈를 이용한 드레싱을 해주었고 병원에 가지 않으면 염증이 생길 수 있으니 병원을 방문하도록 안내했다. 그 일이 있고 나서 한 일주일 뒤쯤 그 학생은 다시 보건실에 찾아왔다. 남학생이라 교복 바지를 입고 있었는데 한쪽 바지가 무릎부터 발목까지 흥건히 젖어 있었다. 고름이 흐르고 있었던 것이다. 나는 깜짝 놀라 학생을 문진해 보니 내가 했던 첫 번째 드레싱 이후에 한 번도 상처 소독을 하지 않았고 병원도 가지 않았다고 했다. 병원에 못 갈 형편도 아니었고 시간이 없는 것도 아니었다. 단지 그 상처가 별것이 아니라고 여겼다고 했다. 나는 조금 충격을 받았지만, 다시 찬찬히 학생에게 현재 감염이 되어 염증반응이 일어났고 치료하지 않으면 피부가 괴사할 수도 있다고 했다. 담임선생님께도 부모님께도 사실을 알리고 병원으로 가야 한다고 했다. 하지만 그러고도 며칠을 학생은 더 병원에 가지 않고 버텼던 것 같다. 그로부터 며칠 뒤 결국 그 학생은 아주 작은부위지만 엉덩이 피부를 떼어 상처 부위에 이식하는 수술을 했다며 멋쩍은 듯 웃으며 보건실에 찾아와 이렇게 말했다. "그때는 보건쌤이 겁주는 건 줄 알았어요. 근데 진짜 피부가 괴사가 되네요. 그때 믿을걸. 헤헤"

내 말을 안 믿어준 건 참 안타까웠다. 힘든 치료를 하게 되었으니 말이다. 그래도 좀 시간이 걸렸지만, 치료가 이루어져 다행이었다. 아마도 피부가 괴사한다는 나의 말이 학생의 일반 지식으로는 믿기 어려운 일이었나 보다. 그래도 보건교사가 학생에게 병원에 가야 한다고 할 때는 그럴 만한 이유가 있다는 걸 알아주었으면 좋겠다. 보건교사들은 보이지 않아도 건강의 위협을 예측할 수 있는 능력이 일반 사람들보다는 더 있을 테니깐 말이다.

학교에서 학생들이 좀 크게 다쳤다 싶을 때는 흔히 체육활동을 하다가 다치는 경우가 많다. 특히 경쟁이 붙게 되는 체육활동 후에는 보건실에 찾아오는 빈도가 더 높은 편이다. 한번은 학생들이 셔틀런이라는 체육활동을 하게 되었다. 셔틀런이란 정해진 구역을 왕복해서 달리는 운동이다. 나는 실제로 셔틀런을 해 본 적이 없어 얼마나 힘든지 경험해 본 적은 없다. 하지만 셔틀런을 하는 시즌이 오면 빈맥과 호흡곤란으로 학생들은 보건실을 찾아온다. 처음엔 학생들이 셔틀런을 한 뒤 산소가 부족하다며 휴대용 산소호흡기를 달라는 경우가 있었다. 학생의 요구가 있을 때는 우선 학생의 요구를 들어주려고 하지만 나도 학생의 상태를 객관적으로 살펴본다. 그 학생은 산소포화도가 98% 이상으로 정상이었고 빈맥이 있을 뿐 다른 이상은 없었다. 그래도 본인은 호흡이 가쁘니 산소가 부족하다고 생각하여 휴대용 산소호흡기를 필요로 했었다. 학생의 요구대로 처음엔 휴대용 산소호흡기를 이용해 마시도록 해 보았다. 하지만 학생의 증상은 더 안 좋아졌다. 나는 오히려 학생이 체육활동 중 과호흡하여 이산화탄소가 과다하게 배출되어 생긴 증상으로 판단하고 호흡 횟수를 줄이고 호흡을 참도록 하여 이산화탄소의 배출량을 줄이고 심리적 안정을 유도했다. 그랬더니 학생의 증상이 빠르게 회복되었다.

보건실을 찾아온 학생의 증상에 대해 제대로 자료수집을 하여 건강 위협을 예측하고 대처를 할 수 있을 때 나는 보건교사로서 뿌듯함을 느낀다. 오늘도 보건교사로서 제대로 일했구나 하는 기쁜 마음이 든다. 누구나 자신이 하는 일에서 인정받고 싶은 인정 욕구가 있을 것이다. 나는 이런 상황에서 그런 욕구가 충족되는 것 같다.

몇 년 동안 코로나19로 학교는 정말 혼란스러웠다. 예전엔 본 적도 없는 열화상 체온계가 학교에 설치가 되고 학생들의 체온을 하루에도 여러 번 측정했다. 등교하는 학생들이 코로나19 의심 증상이 조금이라도 있으면 바로 선별진료소에 보내야 했다. 그 과정에서 여러 가지 어려움이 있었다. 무엇보다 학생들의 코로나19 증상을 교실 입실 전에 최대한 찾아내는 것이 큰일이었다. 감염 증상이 있는 학생이 교실로 입실하게 되면 반 학생들과 접촉하게 되니 반 학생들도 모두 검사를 해야 하는 상황이 되곤 했다. 그걸 막겠다고 나는 코로나19 의심 증상 학생을 찾아내기 위해 거의 매일 등교 지도했었다. 그 당시 코로나19에 감염된 학생들을 많이 만나다 보니 일반 감기와 코로나19 증상이 구별되기 시작했고 내가 선별진료소로 보낸 학생들의 양성판정률은 점점 올라갔다. 감염병은 조기에 격리하여 전파를 차단하는 것이 중요하다. 그러기 위해 유증상 학생들을 선별진료소에 보내는 일은 당연한 일이지만 그 학생을 선별진료소에 보내기 위해 학부모님과 교사, 그리고 보건소 인력까지 여러 사람이 고생해야 하니 코로나19 의심 증상을 좀 더 정확히 파악해 내려는 노력이 필요했다.

보건실에 학생이 방문하면 학생이 어디가 아프다고 호소하며 본인이 원하는 대로 보살핌을 받길 원하는 경우가 있다. 하지만 보건교사는 보이는 것만 믿지 않기에 좀 더 객관적이고 정확한 자료를 수집하고 학생에게 정말 필요한 케어를 해주려고 노력한다. 가끔은 보건실이 편한 곳이라고 오해하는 분들도 있다. 하지만 내가 생각하는 보건실은 일반 사람들이 생각하는 것보다 좀 더 어려울 수 있다. 보이지 않는 것들에 대해 생각해야 하기에 무거운 책임감을 느껴야 하는 곳이라는 걸 꼭 이야기해 주고 싶다.

마음이 아픈 아이들

　나는 다양한 종류의 고등학교에서 근무해 보았다. 그러다 보니 고등학생들이 학교에 다니면서 하게 되는 고민에 대해 많이 듣게 되곤 했다. 그 고민이 특성화고, 특목고, 자공고 등등 고등학교의 종류는 달라도 거의 같았다. 부모님들은 집에서의 모습만 보고 우리 아이가 학교에서 얼마나 의젓하고 어른스러울지 잘 모를 수도 있을 것 같다. 하지만 고등학교 학생들은 학교 안에서 자신의 미래를 고민하고 설계하고 실천하며 하루하루를 치열하게 지내고 있다. 다만 안타까운 것은 모두 다 나름의 생각과 행동으로 미래를 준비하지만, 우리나라 고등학교의 현실은 학생들을 늘 서열화해야 한다는 점이다. 학생들은 자신의 마음과는 달리 평가받는 현실 속에서 상처를 많이 받는다. 특히 특목고처럼 중학교 때 성적이 우수했던 학생들이 모인 학교에서는 그 스트레스나 마음의 상처 정도가 크다. 노력하고 노력해도 벽에 부딪힌 것 같은 느낌이 들 때 학생들은 우울해하고 방황하게 되는데 그 증상이 마치 몸이 아픈 것처럼 오기도 한다.

보건실에 있다 보면 약으로도 해결되지 않는 그런 증상이 제일 마음이 아프다. 학생들은 학교에 상담실이 있고 상담 선생님이 계셔도 막상 상담실에 갔을 때는 자신의 문제가 좀 더 크게 느껴질까 봐 상담실에 가는 걸 조심스러워하기도 한다. 이런 경우 남들의 이목을 끌지 않고 좀 더 편하게 들를 수 있는 보건실로 학생들이 방문 하여 상담이 이루어 지곤 한다. 나도 이점을 잘 알기 때문에 상담교사는 아니지만, 종종 학생들과 상담하게 되면서 학생들의 다양한 고민을 경청하고 함께 해결 방법을 찾아보기도 한다.

오늘도 호흡곤란으로 학생이 보건실을 방문했다. 며칠 전에도 호흡곤란과 명치가 답답한 증상으로 방문했던 학생이었다. 바이털 사인(혈압, 맥박, 호흡, 체온)을 측정하고 과거력을 문진하면서 학생이 예전에도 같은 증상이 있었는지 살펴보았다. 하지만 바이털 사인도 모두 정상이고 과거력도 없었다. '그래, 또 수행평가가 시작되었거나 고3병이 시작되었구나!'라고 생각하며 요즘 학습상황에 대해 질문을 해 보았다. 여지없이 수행평가나 지필 평가가 시작되어 공포에 떨고 있었다. 또는 그 준비로 밤을 새우거나 밥을 제대로 못 먹는 상황이었다. 사실 평범한 일반 성인도 밥을 제대로 못 먹고 잠을 제대로 안 자면 몸이 급격히 쇠약해지고 정신적으로 황폐해질 터이다. 그런데 이 어린 학생들이 시험 준비, 수행평가 준비를 하느라 밤을 새우고 먹지도 못하니 얼마나 정신적으로 황폐해질 것인지 안 봐도 훤하다. 성인이 되기도 전에 이런 어려운 상황에 놓이게 되는 학생들이 늘 안타깝다. 내가 어릴 적에는 수행평가라는 것이 거의 없었다. 그래서 밤을 새워도 시험 기간에만 몰아서 고생하면 되었었다. 그렇게 경험해서인지 학교에서 근무했던 초반에는 학생들의 수행평가에 대한 고충을 공감하지 못했었다. 하지만 한해 한해 지날수록 학교 상황을 파악하게 되고 내가 자녀를 키우게 되면서 학생들에게 수행평가의 짐이 얼마나 큰지 알게 되었다. 과목의 수도 많은데 과목마다 한 학기당 여러 번의 수행평가를 보게 되니 그 스트레스가 일상적으로 지속되는 것이 당연하다. 그런 이유로 정신적인 원인으로 인한 신체적 증상을 호소하는 학생들이 늘고 있다.

보건실에서 이와 같은 학생들에게 어떤 서비스를 제공해야 하는지 나는 늘 고민이 된다. 사실 이런 경우 약물은 큰 효과가 없으므로 잠 한숨 못 자고 온 학생들을 보면 정말 침대에 뉘어 푹 한숨 자게 하고 싶은 마음이다. 하지만 이런 증상으로 보건실에 방문하는 학생들은 생활기록부에 기록될 질병 결과가 무서워 침상 안정도 하지 않으려 하는 경우가 많다. 작년엔 특히 과호흡, 호흡곤란으로 보건실을 방문했던 학생들이 많았었다. 이완 요법을 적용하고 심호흡을 시키며 들었던 생각은 학생들에게 불안을 낮출 수 있는 편안함을 보건실이 제공해 줄 수 있을까 하는 생각이었다. 그래서 내가 가장 심리적으로 편안했던 순간들을 생각하고 다양한 시도를 해 보게 되었다.

내가 임용고시를 준비했을 때이다. 극도로 불안하고 힘들 때 나는 화장실에 가서 손을 씻고 핸드크림을 손에 발랐다. 손을 씻는 것이 목적이 아니라 손에 바른 핸드크림의 향기를 맡는 것이 나의 목적이었다. 종합 화장품 판매점에 가서 다양한 핸드크림 중 가장 레몬에 가까운 향기를 내는 핸드크림을 구입 하여 사용했었다. 레몬이 주는 상큼하고 싱그럽고 달콤한 향은 나의 기분을 상승시키는 데 도움이 되었다. 그래서 나도 학생들이 보건실에 왔을 때 보건실 내에 향기로운 향기가 나면 불안한 마음이 조금은 편안해지지 않을까 하는 생각을 하게 되었고 집에서 양키캔들과 캔들 가온기를 학교로 가지고 오게 되었다. 그날 이후로 나는 출근과 동시에 보건실 내에 있는 캔들 가온기를 켜고 캔들을 녹이며 라벤더 향이 은은하게 보건실을 감싸도록 해 보았다. '과연 아이들이 이 향을 좋아해 줄까? 편안함을 느낄까?' 궁금함이 있었지만, 학생들에게 질문하지는 않았다. 마치 좋다는 대답을 강요하게 될 것 같은 생각이 들어서이다.

보건실에 라벤더 향이 퍼진 지 일주일이 지날 무렵이었다. 학생들은 보건실에 오면 보건실 향이 좋다고 한마디씩 하기 시작했다. 무슨 향이냐고 물어보는 학생도 있었고, 방문해 주시는 선생님들도 향이 너무 좋다고 무얼 한 거냐고 물으시는 분들이 생겼다. 그 효과는 학생들이 연말에 익명으로 하는 학생 만족도 조사에서도 알 수 있었다. 한 아이의 자유 서술식 평가에 이런 말이 있었다. [보건실 내 향이 좋아요. 안정감을 느낄 수 있었고 학교 내부에 있지만 학교가 주는 압박감에서 벗어난 느낌이 들었습니다. 창의적 체험활동 시간에 제공해주시는 보건 관련 영상이 굉장히 재밌습니다. 직접적이고 직설적으로 표현하는 방식이 이해하는 데 더 큰 도움이 되었고 흥미롭게 시청할 수 있었습니다] 라고 적혀있었다. 사실 학생들이 연말에 하는 교사 평가를 난 그리 달가워하지는 않지만, 간혹 정말 진솔하게 답을 해주는 학생들의 경우는 큰 도움이 된다. '내가 원하는 방향으로 학생들에게 안정감을 주었구나, 다행이다.' 하고 마음이 놓였다.

해가 바뀌고 새 학년이 되었지만 나는 여전히 아침이 되면 향기로운 향기가 감싸는 보건실을 유지하기 위해 노력하고 있다. 한 가지 추가된 것은 꽃병을 사서 꽃을 꽂아 놓았다는 것이다. 마치 이 향이 꽃에서 나는 것일 수도 있다는 생각이 들면 좋을 것 같았다. 그래서 아침에 할 일이 하나가 더 늘어났다. 꽃병에 물 갈아 주기이다. 사실 꽃병에 꽃을 꽂아 놓고 감상했던 적이 거의 없어 꽃병에 꽃을 꽂아 놓으면 금방 시들지 않을까 걱정했었다. 하지만 인터넷을 찾아보며 공부하니 꽃병의 꽃을 오래 시들지 않게 유지할 방법에 대한 정보가 많았다. 그 정보를 통해 현재 보건실

테이블에 놓여 있는 꽃병의 꽃은 2주가 넘도록 시들지 않고 있다. 올 연말에는 보건실에서 꽃을 보며 마음의 안정을 찾았다는 학생들의 평가 글도 있었으면 하는 생각이 든다.

　과거를 잠시 돌이켜 생각해 보았다. 내가 보건교사가 되려고 마음을 먹었을 때 난 사실 보건실에서 내가 무얼 해야 하는지 잘 몰랐던 것 같다. 그때는 학생들의 질병을 예방하고 치료해주고 응급상황에 대처해야 하는 것 등을 우선으로 생각했었던 것 같다. 처음 보건교사가 되었을 때도 그 생각은 크게 변하지 않았었다. 그래서 마음이 아픈 친구들의 보건실 방문은 나에게 어려운 큰 과제처럼 여겨졌었다. 내가 감당할 수 없는 일일지도 모른다고 생각할 때도 있었고, 그래서 그런 이유로 매일 찾아오는 학생에게는 부담감을 느끼기도 했었다. 하지만 보건교사도 매년 성장이란 걸 하는 것 같다. 올해는 작년의 나와 다르고 작년은 재작년의 나와 달랐던 것 같다. 부담처럼 느껴지던 것들이 아직 부족하지만 내가 해결할 수 있는 일들로 서서히 변해가는 걸 느끼고 있으니 말이다. 내년엔 좀 더 성장한 보건교사가 되어 우리 학생들이 성적이나 다양한 관계 속에서 상처받고 힘든 마음을 보건실에서 잠시나마 안정감과 편안함을 느끼고 가도록 도움을 줄 수 있기를 바라본다.

보건교사도 때론 우울하다

진단받아 본 적은 없지만 나는 계절성 우울 증상이 있는 것 같다. 10월이 되어 일조량이 줄어들고 퇴근하는 길에 해를 보지 못하는 날들이 많아지면 나는 급히 우울해진다. 계절성 정동장애(계절성 우울증)는 우울감이 생겼다가 좋아지는 양상이 특정 계절과 관련되는 경우를 말한다. 주로 햇빛이 적어지는 가을부터 겨울까지 증상이 나타났다가 봄이 되면 좋아지는 것을 매년 반복한다. 햇빛이 적어지면 신경전달물질 중 하나인 세로토닌의 분비가 줄어드는데, 세로토닌 농도가 떨어지면 우울감을 느낄 수 있다. 또한, 수면과 관련이 있는 멜라토닌 분비는 늘어나면서 잠이 많아지기도 한다. 나도 그 시기엔 우울감을 느끼고 잠과 식사량이 늘어 살도 2~3kg씩 더 찌기도 한다. 내가 추운 걸 유독 싫어하기도 하는 이유도 있지만, 위와 같은 이유로 나는 겨울을 그다지 좋아하지 않는다. 하지만 나쁘지 않은 점은 매년 봄이 되면 일조량이 늘어남과 동시에 언제 그랬냐는 듯이 회복된다는 점이다. 겨우내 쪘던 살도 이쯤부터 빠져서 여름이 되기 전 원래 몸무게를 회복한다.

학교에서 보건교사가 새 학년 새 학기가 되면 매년 하는 아주 중요한 일 중 하나는 학생들의 건강 상태를 조사하여 요양호자를 파악하는 일이다. 그때마다 조금 놀랐던 것은 우울증약을 복용하고 있는 학생들이 내가 예상하는 숫자보다 많다는 점이다. 물론 정신과에 대한 인식이 많이 바뀌었기 때문에 병원을 방문하는 학생이 많아진 이유도 있겠지만 우울한 청소년들이 늘어나고 있는 건 확실하다. 만약 내가 계절성 우울 증상이 없었다면 우울한 사람들의 마음에 공감하는 능력이 떨어졌을지도 모르겠다. 하지만 내가 우울 증상이 나타나면 어떤 상태가 되는지 매년 겨울마다 경험하다 보니 그 학생들이 경험하고 있을 우울한 감정을 많이 공감할 수 있다.

보건실은 신체적으로 아픈 학생들만 방문하지는 않는다. 어찌 보면 신체적 아픔은 눈에 보이고 치료 효과가 바로 보이기에 케어해 주기가 오히려 편한 면이 있다. 하지만 학교생활이 힘들거나 가정상황이 힘들어 우울한 학생의 경우 학생이 가진 어려움은 쉽게 보이지도 않을뿐더러 관리가 쉽지 않다.

학교에서 보건교사는 1인만 근무하는 경우가 대부분이다. 그러다 보니 보건과 관련된 업무는 혼자 하게 되는 경우가 대부분인데 코로나19와 같은 신종감염병이 갑자기 발생하거나, 119를 불러야 할 응급환자가 발생하는 등, 예측하지 못하는 일들의 발생은 보건교사 개인에게 불안과 공포를 만들어 내는 상황이 된다. 2020년 OECD가 발표한 우울증 1위는 한국이었고 불안은 4위를 기록했다. 우리나라 인구의 10명 중 4명은 우울 증상이 있다는 결과였다. 우리나라 기준으로 2020년은 코로나19감염병이 시작된 해이다. 그 우울한 인원 안에 많은 보건교사가 있었을 거라고 나는 감히 추측한다. 나 또한 그랬었다. 우울은 갑작스러운 스트레스에 의해 발생하는 경우들도 있다. 하지만 그 스트레스를 해결할 방법이 없다는 무력감을 느낄 때도 우울감은 찾아온다.

보건교사들은 본인이 겪게 되는 스트레스를 혼자 해결해야 하는 경우가 많다. 만약 학교 안에 보건교사가 여러 명이거나 보건교사의 업무에 대해 많은 사람이 알고 있다면 아마도 그런 스트레스를 헤쳐 나갈 수 있는 협력을 얻어낼 수 있을 것이다. 하지만 현실은 다르다. 학교 내에서 유일한 의료인인 보건교사는 보건의료 관련 응급상황이 발생하면 다른 사람들에게 협력받기가 어렵다. 물론 다들 서로의 전문 분야가 다르기 때문일 것이다. 하지만 그러므로 보건교사들은 가끔은 좀 더 어렵고 힘들다는 느낌을 가지고 업무를 하게 되는 경우가 있다. 어느 날 학교의 영양 선생님과 이야기했던 게 기억이 난다. 학교의 급식을 담당하고 있는 영양 선생님들도 나름의 고충이 많은 것 같았는데, 자신이 만약 교직 과목을 변경할 수 있다면 딱 하나 보건교사는 빼고 다른 과목으로 변경하고 싶다고 말했다. 그 말은 가까이서 보는 보건교사의 업무도 그리 녹록해 보이지 않기 때문이 아닐까 생각해 본다. 학교는 이완된 결합조직이다. 서로 연결은 되어 있으나 각자가 독자성을 유지하며 어느 정도 분리되어 업무를 하게 되는 조직이라는 의미이다. 나는 이것에 동의한다. 업무마다 그 정도에는 차이가 좀 있지만, 학교는 업무의 독자성이 잘 유지되는 조직이다. 그리고 보건교사의 업무는 그중 독자성이 비교적 큰 업무에 속한다. 가끔 이런 이유로 보건교사의 업무가 왜곡되는 경우가 있다. 하지만 그건 독자성의 차이가 크거나 작을 수도 있다는걸. 잘 인지하지 못하는 데서 오게 되는 경우일 것으로 생각한다. 각자의 독자적인 업무가 잘 이루어지고 그것들이 잘 연결되어 질 때 학교는 무사히 일 년이라는 시간을 잘 견디어 내고 학생들을 성장시킬 수 있다.

매년 2월이면 교육청에서는 학교에서 실시해야할 보건교육에 대한 법적 기준을 제시한 공문을 보내준다. 그 기준은 초·중·고등학교 학생 중 1개 학년 이상의 학생에게 연간 17차시 이상 보건교육을 해야 한다는 내용을 포함하고 있다. 하지만 입시 중심인 교육과정에서 후 순위로 밀리는 보건 과목은 그 기준을 충족하기가 어렵다. 많은 보건교사가 그 기준을 어떻게 충족시키고 있는지는 잘 모르겠지만 선택과목 등으로 보건 교과를 가르치는 경우가 아니라면 상당한 어려움이 있으리라 생각한다. 온라인 공동교육과정을 하면서 학생들에게 나는 "보건 과목을 왜 들으려고 하나요?"라고 맨 처음 시간에 물어본다. 대부분의 학생은 간호학과 등을 진학하기 위해서였다.

두 번째로 하는 질문은 "보건 수업을 제대로 들어본 적이 있나요?" 였다. 대부분의 학생들이 초등학교 때 보건 수업을 들어본 것이 끝이라고 대답했다. 그 말이 사실이라면 중학교와 고등학교의 보건 수업은 아마도 파행으로 이루어지고 있을 가능성이 크다. 사회적으로 문제가 생길 때마다 사람들은 그 문제에 대한 원인을 찾으려 한다. 많은 원인이 있겠지만 그 원인 중 한 가지로 꼭 들어가는 것이 있다. 바로 교육의 부재이다. 학생들에게 보건교육이 제대로 이루어지지 않았을 때 일어나게 되는 사회적 문제는 과연 무엇일까? 우리나라 학생들은 대부분 인생의 목표가 비슷하여 모두 같은 방향으로 뛰어가고 있다. 그 속에서 학생들은 자신의 신체를 돌보고 자신의 정서를 돌보고 자신의 사회적 상황을 돌보지 못한다. 그럴 여유가 없다. 나는 50이 거의 다 된 나이이지만 그 긴 삶의 기간에서 내가 존재하고 내가 행복하기 위해 나에게 필요한 공부는 간호학과에서 거의 다 배웠던 것 같다. 그만큼 간호학은 내 삶에 효율적이고 요긴한 학문이었다. 그걸 청소년기의 학생들에게 조금이나마 전달해 주지 못하는게 늘 안타깝다.

WHO가 말한 건강의 정의를 요약해서 말하자면, '건강은 신체적 정신적 사회적으로 안녕한 상태'라고 말한다. 나는 우리 학생들이 최소한 이것만큼은 청소년기에 꼭 알았으면 좋겠다. 그래야 우울하지 않은 건강하고 행복한 삶을 사는 방법이 있다는 걸 조금이나마 경험해 볼 수 있지 않을까 생각한다. 내가 진단받지는 않았지만, 계절성 우울 증상이 있을지도 모른다고 생각한 것도 내가 가진 지식 덕분이다. 또한 계절성 우울증의 기전을 알고 있어 크게 걱정하지 않고 잘 극복할 수 있었던 것도 내가 가진 효용가치가 높았던 보건 지식 때문이었다. 우리는 모두 아플 수도 있고 우울할 수도 있다. 하지만 내가 그걸 극복할 수 있는 정보를 배우고 가지고 있다면 건강한 삶을 잘 살아갈 수 있을 것이다. 그리고 건강은 어떤 삶의 목표보다도 우선시 되어야 모든 행복한 삶의 초석이 될 수 있을 것이라 생각한다.

보건교사가 행복해야 학생이 행복하다

오늘도 아침에 출근하면서 행복한 보건교사가 되자고 다짐을 했다. 내가 행복해야 보건실을 찾아오는 학생들에게 더 친절하게 대해 줄 수 있다고 믿기 때문이다. 내가 보건실에서 여러 해 근무하는 동안 학생들이 내게 했던 평가 중 가장 대표적인 평가는 '친절한 보건교사' 였다. 학생 만족도 조사에서 '너무 친절하셔서 좋아요.'라는 표현이 가장 많은 걸 보면 아마도 나는 학생들에게 대체로 친절하게 여겨지는 것 같다. 주로 병원에서 환자를 많이 만났던 경험때문인지 나에겐 약간 친절해야 할 것 같은 직업병이 있는 것 같다.

그리고 나는 반말보다는 존댓말이 편하다. 엄한 아버지 밑에서 자라서든 습관일수도 있지만 개인적으로 학생들에게 경어를 사용하는 것이 맘이 편하다. 그런 말투가 학생들에게는 좀 더 무섭지 않고 친절한 교사로 받아들여지는 것 같다. 한 가지 단점은 학생들에게 높임말을 쓰고 친절하다 보면 어떤 학생은 나를 만만히 보고 선을 넘는 경우도 간혹 생긴다. 너무 친숙하고 편하게 여겨져서 일 것이다. 그럴 땐 선을 넘었다는 걸 확실히 어필해 준다. 대부분 학생은 금방 눈치를 채고 바로 잡는다. 나는 친절하지만 선 넘는 건 따끔히 지적하는 교사인 셈이다. 그건 내가 키우고 있는 나의 자녀에게도 똑같이 적용된다. 친절한 엄마이지만 선 넘을 땐 절대 참지 않고 꼭 짚고 넘어간다.

예전에 나는 담임교사를 했던 경험이 있다. 특성화고등학교에서 교과 교사로 근무를 했었기 때문이다. 담임을 했던 그 당시에는 보건실에서 경험해 보지 못한 다양한 경험을 해 볼 수 있었다. 보건실에만 있었다면 몰랐을 담임교사로서의 고충도 있었고 나름 특성화고등학교에서는 주요 교과였기에 지필고사와 수행평가를 준비하면서 학생들을 공정하게 평가하기 위해 많은 노력을 기울였다. 담임교사는 한명 한명 학생들을 잘 살펴야 하고 학부모님과도 긴밀하게 연결되어 있으므로 수업 외에도 신경 쓸 일이 많았다. 앞에서 말했던 보건교사로서의 어려움만큼이나 교과 교사이자 담임교사로서의 어려움도 많다는 걸 알게 됐었다. 결국, 교과 교사를 하든 보건교사를 하든 결국 쉬운 건 없다는 배움을 얻었다. 하지만 둘 다 경험해 본 경험자로서 또한 현재 보건실에 근무하는 입장에서 교과 교사에게 부러운 게 딱 하나 있다. 이것만큼은 교과 교사들은 행복한 거라 얘기해 주고 싶은 게 있다. 그건 나와 삶을 함께한 순간이 있었던 나만의 학생들이 생긴다는 점이다.

학생들에겐 일 년을 함께할 담임교사는 보건교사와는 비교가 안 되는 큰 의미를 가진다. 그 학생들의 마음을 담임하면서 느꼈었고 그 마음에 보답하는 담임이 되기 위해 최선을 다했었다. 지금도 그때를 생각하면 가만히 미소가 지어진다. 어디에 있든 무얼 하던 그때 내가 담임을 맡았던 학생들이 내 친자식들만큼이나 잘 되길 바라는 마음으로 살고 있다. 내가 처음 담임을 맡았던 학생들은 대학을 졸업한 뒤 간호사가 된 학생도 있고, 간호학과에서도 성적이 우수해 보건교사 준비를 하고 있는 학생도 있다. 물론 간호사가 아닌 다른 일을 하는 학생도 있다. 무슨 일을 하든 난 그 아이들을 영원히 응원한다. 수년 동안 매일 지지고 볶으며 웃기도 하고, 혼내기도 하면서 내가 키웠던 아이들이었다. 그 순간이 나는 참 행복했다. 물론 보건실 근무도 나름의 보람이 있다. 하지만 아픈 학생을 만나면서 늘 행복하다고 생각하긴 솔직히 어려운 면이 있다. 그때의 기억 때문인지 나는 보건실에 오는 학생들에게 담임교사는 아니지만 응원하는 마음으로 항상 친절함을 유지하려고 한다.

학교에서 교사를 구분할 때 교과와 비교과로 구분하는 경우가 참 많다. 그러다 보니 교과가 아닌 교사들은 학교에서 교사라는 직함을 가지고는 있지만 뭔가 다른 소수의 교사로 인식되는 때도 더러 있다. 나는 특성화고에서 교과 교사로 근무한 기간이 보건실에서 근무한 기간보다 더 길다. 그래서 보건실에서 근무를 시작했던 첫해에는 비교과 교사인데 교과 교사 마인드를 세팅하고 보건실에 근무하면서 혼란스러워했던 적이 있다. 물론 지금은 어렵사리 제자리를 찾았다. 교과 교사와 비교과 교사는 학교에서 경험하는 측면이 약간 다르다. 그래서 서로에 대한 정보가 없다 보니 서로에 대해 잘 모르는 점이 많다. 그래도 교과 교사는 업무가 노출되어 보이는 것이 많다. 수업을 진행하기도 하고, 부서 내에서 진행하는 업무도 노출이 되기 쉽다. 예전에 내가 교과 교사로 근무했을 때 나는 교무부에서 성적처리 업무도 했었고, 학생부에서 학교폭력 업무를 담당하기도 했었다. 또 학교 홍보업무를 맡았을 때는 수십 개의 인근 지역 중학교에 가서 학교 홍보를 진행했었다. 학생 수련회를 맡아 답사를 하고 정산을 하느라 머리털이 뽑히는 듯한 고통을 느껴본 적도 있다. 그래도 그 당시 했던 업무들은 노출도가 높아 학교 내에서 내가 무얼 하고 있는지 잘 보여졌다.

하지만 보건실로 장소가 바뀐 뒤에는 보건실 내에서 내가 무얼 하고 있는지 노출이 잘되지 않는다. 보건실에 전혀 관심이 없는 사람들은 아마도 보건실에서 아무런 일도 일어나지 않는다는 오해를 할 수도 있는 수준이다. 작년 연말에 교원평가에 어떤 학생이 나에게 3년 전 자신이 보건실에 왔다가 어떠한 일로 속상했다며 안 그러셨으면 좋겠다는 말을 남겼었는데 나는 그 글을 보고 씁쓸한 마음이 들었다. 나는 작년에 전근을 왔기 때문에 그 평가는 나에 대한 평가가 아니었다. 그만큼 보건실에 관심이 없거나 보건실을 자주 오지 않으면 보건교사가 누구인지 무얼 하는지 심지어 보건실이 학교내 어디에 위치해 있는지도 모를 수 있다.

요즘 유튜브나 인스타를 통해 나는 좋은 글귀나 말씀을 듣는 걸 좋아한다. 최근에 재미있게 찾아 듣는 말씀은 법륜 스님의 즉문즉설이다. 나는 불교 신자는 아니지만 법륜 스님의 즉설에는 세상에 대한 통찰이 있어 마음이 시원한 느낌이 들어 좋아한다. 어제는 유튜브로 법륜 스님의 즉문즉설을 듣다 보니 갓 시어머니가 되신 분이 며느리와 친하게 지내고 싶은데 며느리가 전화도 안 받고 집에 자주 오지도 않는다며 서운하다고 토로하는 걸 듣게 되었다. 원래 결혼하면 고부가 친하게 지내야 하는 거 아니냐며 이해를 할 수가 없다는 것이었다. 그때 법륜 스님이 그러셨다. 어떻게 수십 년을 다른 집에서 살다 온 며느리가 하루아침에 친해지느냐, 그건 불가능하다. 한 10년은 기다려라. 라고 말씀하셨다. 시어머니의 마음도 약간 이해가 되지만 갓 결혼한 며느리에게 살갑게 자신과 친하게 지내지 않는다며 고민을 토로할 때 뭔가 마음이 턱 하니 막히는 느낌이었다. 하지만 법륜 스님이 그런 말도 안 되는 고민은 내려놓으라고 즉설을 하시니 그 막힌 마음이 시원히 내려갔다. 우리는 생각하기에 따라 어떤 상황을 문제로 받아들일 수도 있지만 그 문제를 별것 아닌 것으로 만들 수도 있는 것 같다. 생각의 차이를 인정하고 상대의 마음에 공감한다면 사실 세상 문제의 대부분은 해결이 될 수 있다.

  학교에서 소수이고 비교과인 보건교사는 다른 교사와 다른 특별한 전문성을 가지고 일한다. 그래서 다른 교사와 다른 관점에서 학생들을 바라봐야 할 때가 많다. 학교 내에서 보건교사의 일은 잘 드러나지 않지만, 그 차이를 인정하고 공감해 준다면 좋겠다는 생각을 종종 한다. 보건교사는 다른 교사와 달리 무섭기보다는 따뜻해야 하고 무뚝뚝하기보다는 친절해야 아픈 학생들에게 편안함과 안정감을 주기 때문에 학생들의 건강증진이나 질병 예방에 더 도움이 된다고 생각한다. 그래서 학교에 단 1명뿐이고 의료 전문가인 보건교사는 정말 행복한 사람이어야 한다고 생각한다. 보건교사가 행복해야만 따뜻함을 지닐 수도 있고 친절할 수도 있으며 학생들의 마음을 공감해 줄 수 있기 때문이다. 말하자면 보건교사가 행복하다는 건 보건교사가 신체적 정신적 사회적으로 안녕 상태를 학교 내에서 유지할 수 있어야 한다는 의미이다. 그래서 난 우리 모두를 위해 내가 늘 행복했으면 좋겠고 행복한 교사가 되기 위해 하루하루 노력하고 싶다.

제3장
함께 일하고 있습니다

전예지

혼자 일하고 있습니다

2019년, 그때의 나는 외국의 낯선 도시에서 갭 이어를 보내고 있었다. 대학교라는 챕터를 마무리하고 직장이라는 새로운 챕터로 넘어가기 전 사이의 시간 말이다. 부푼 마음을 가지고 오기는 했으나 막상 이곳에 오니 무엇을 하면 좋을지 잘 모르겠고, 사실 해야 할 일도 마땅히 없었다. 가만히 있고자 하면 끝까지 가만히 있어도 됐다. 시간을 낭비하며 쓰고자 하면 하루 종일 그렇게 시간을 보내도 누가 뭐라고 하지 않았다. 갑자기 나에게 너무나도 많은 덩어리의 시간이 생겨버린 것이다. 한국에 있을 때는 훌렁훌렁 시간이 지나가 버리는 느낌이었다. 아침에 눈을 뜨고 무언가 하다 보면 어느새 저녁이 되어 잠을 자고 이런 식 말이다. 그런데 이곳에서의 하루는 시간이 어찌나 느리게 가던지 일분일초의 밀도가 느껴지고 고요했다. 이는 시간의 원석과도 같은 느낌이었다. 타인에 의해서든 환경에 의해서든 어떠한 간섭 없이 내 마음대로 해도 되는 시간이 생겨버린 것이다. 초반에는 이 시간의 무게를 감당하지 못해 무척이나 휘청거렸다. 그러던 어느 날 깨닫게 된 건 이곳에는 나를 위한 시스템이 없다는 것이었다. 그리고 나의 시스템은 나 스스로 구축해야 하는 것이다. 대학 졸업 전까지는 짜인 커리큘럼이 있는 삶이었다. 평소에 목표와 계획을 세우며 지내는 것을 좋아했어서 주도성이 어느 정도 있었지만, 환경에 의해 영향을 받는 게 컸다. 학교를 다니며 정해진 시간표, 학사일정은 고정적이었으니 이에 맞춰 내 하루를 보냈다. 주위에 가족과 친구 등 나를 지지해주고 필요를 채워주는 울타리도 있었다. 나는 내가 크게 노력하지 않아도 어떻게든 살아지는 시스템 속에서 살고 있었다. 그러다 이 낯선 곳에 혼자 떨어지게 된 것이다. 그러다 보니 이건 아주 낯선 감각이었다. 이 도시가 '나의 도시'인 사람들은 이미 구축된 자신의 하루를 꾸려가지만, 나를 위한 시스템은 없었다. 관성에 따라 살아질 수 있는 나의 도시가 아니니 나만의 시스템을 스스로 구축해내야 했다. 그런데 이상하다. 임용 합격 후 첫 발령을 받고 보건실에 발을 디뎠을 때, 2019년 낯선 도시에서 내가 느꼈던 감각이 어렴풋이 느껴졌다.

"저 보건교사로 일하고 있어요" 이렇게 말하면 내 경우 사람들의 반응은 주로 비슷했다. '방학이 있어서 부럽다.', '보건실에서 혼자 일하니까 부럽다.', '나는 여러 사람이 모인 곳에서 일하고 있어서 관계로 갈등이 생기는 데 너는 없겠다.', '자신만의 공간이 있는 것 부럽다.' 그렇다. 나는 그 순간만큼은 많은 이들의 부러움을 사는 멋진 직업을 가진 사람이 된다. 이 반응 중에는 사실인 요소도 물론 있다. 방학이 있고, 독립된 나의 업무 공간이 있다. 그리고 혼자 일하고 있는 것도 맞다. 그러나 좋기만 한 일, 좋기만 한 직업이 어디 있겠는가. 일에는 기쁨과 슬픔이 있다. 사람들의 부러움이 담긴 말에 초반의 나는 그렇지 않다며 그들이 다 알지도 못하는 보건교사의 다양한 면모에 대해 대변하곤 했다. 그러나 이제는 입이 아프기도 하고, 이렇게 대답하곤 한다. "다 장단점이 있죠". 혼자 일하는 자유로움은 달콤하다. 그러나 그러한 달콤함도 잠시다. 두 가지의 혼자 일하는 슬픔을 나누려 한다.

유일한 의료인으로서 보건교사 고유의 업무는 내가 아니면 대신해줄 사람이 없다. 이 책임감이 주는 묵직한 무게감을 오롯이 혼자 감당해야 한다. 이것이 첫 번째 슬픔이다. 나는 우리 학교에서 가장 낮은 연차의 보건교사이면서도 최고참 보건교사다. 나는 신입이자 팀장이다. 나는 의견을 내는 사람이자 의견을 취합하고 결정하는 사람이다. 나는 일처리에서 실수하는 사람이자 일 처리를 수습하는 사람이다. 인프라의 공백은 나 스스로가 채워야 한다. '타 다다닥!' 긴급한 발소리가 보건실 문밖에서 날 때면 늘 긴장한다. '혹시 응급상황이 생긴 것일까? 아니면 누가 쓰러졌나?' 온몸에 신경이 곤두서고 근육은 달려갈 준비를 한다. 그러다 그저 발소리가 지나가면 그제야 안도한다. '그냥 급히 교실로 뛰어 올라가는 발소리였구나. 다행이다'하고 말이다. 그렇게 보건실에 있는 내내 긴장하고 있다. 긴급한 발소리는 정말 응급한 상황으로 이어질 때도 있다. 그럼, 구급가방을 들고 현장으로 달려간다. 긴급한 발소리가 어떤 결과로 이어지든 나는 계속 긴장 상태이기 때문에 퇴근하면 진이 다 빠져버린다. 매일 출근할 때마다 커다란 돌이 짓이겨 누르는 듯이 가슴이 답답했다. '오늘 큰 사고가 발생하면 안 될텐데' 하면서 말이다. 적당한 책임감은 어떤 일이든 필요할 것이다. 보건교사는 혼자 책임져야 할 영역이 많다 보니 적당해지기가 어려울 때가 있다. 나 또한 과도한 책임감으로 나 스스로 많이 힘들어했다. 내 앞의 학생을 처치하다가도 응급상황이 발생하면 내 앞의 학생은 물론 차례를 기다리느라 대기의자에 앉아있던 학생들에게 상황을 설명하고 이따가 다시 와달라는 말과 함께 돌려보낸다. 각자의 아픔이 크겠지만, 우선순위와 긴급도에 따라 어쩔 수 없다. 나는 1명인데 하루에 80~100명이 올 때가 있다. 나 혼자 감당해야 하는데 버거워진다. 그러다보니 따뜻하고 친절하게 대해주고 싶지만 그러한 여유가 없다. 친절과 지혜를 갖춘 처치를 하고 싶었는데 내 앞에 놓인 과제를 처치하고 있는 것 같달까. 유명한 맛집 중에는 '재료 소진 시 마감'이라고 붙어있는 곳이 있다. 문득 왜 그렇게 운영하는 지 이해가 되었다. 가게에 방문하는 손님들에게 최상의 맛과 서비스를 제공할 수 있는 만큼을 준비하는 게 아닐까. 나라는 1인분이 내가 주고 싶은 태도가 있는데 혼자라서 버거울 때가 참 많다.

꾸준히 하는 것을 잘 못하는 내가 1년이 넘도록 지속하고 있는 매주 월요일 저녁 루틴이 있다.《뭉쳐야 찬다2》를 넷플릭스로 보는 것이다. 이는 현직 또는 은퇴한 다양한 종목의 국가대표 선수들이 '어쩌다벤져스'라는 조기 축구팀으로서 뭉쳐 승부를 펼쳐 나가는 프로그램이다. 점점 더 합이 잘 맞춰져 가고 실력이 성장하는 모습을 보며 "저 자리에 저 선수가 있을 줄 알고 패스를 한 거지? 와 어떻게 알았지 너무 멋지다." 나는 전율을 느끼며 감탄한다. 성장이 다소 부진했던 선수가 골을 넣었을 때 모두가 자신이 골을 넣은 것처럼 함께 기뻐한다. 그럼 나도 마치 그의 동료인 것처럼 소리 지르며 환호한다. 때로는 그의 골이 감동이어서 펑펑 운 적도 있다(원래 눈물이 많아 눈물 버튼의 역치가 낮은 편이긴 하다. 그러나 정말 감동이었다). 팀 스포츠 경기를 보며 그 희열감, 말로 표현할 수 없는 짜릿함, 눈빛만 보아도 서로 무엇을 의미하는지 알아채는 팀워크에 나는 감격한다. 그렇게도 팀워크에 열광하는 나는 정작 나의 일에서 이를 경험하기는 어렵다.

혼자 일하는 슬픔의 둘째는 외로움이다. 보건교사로 발령받은 첫해에 난 외로워서 혼자 눈물 흘린 적도 있다. 이 눈물의 원인이 됐던 외로움은 사람 대 사람 관계에 있어 고독해서 오는 외로움은 아니었다. 보건실에 하루에도 몇십 명의 학생이 와서 외로울 틈이 없었으며, 학교 구성원들과 소통을 잘하고 있었으니 말이다. 그보다는 업무와 나 사이에서 오는 외로움이었다. 신규인 나에게 어떻게 흘러갈지, 어디로 튕겨갈지 모르는 업무가 버거웠다. 내가 임용된 해는 2021년으로 코로나19로 인해 세계 전체가 불확실성 속에 있었다. 그리고 보건교사는 이와 직결되어 학교에 감염병 예방 업무를 담당하다 보니 계속 바뀌는 지침과 더불어 더욱이 업무를 파악하기가 어려웠다. 학교에 보건교사가 1인이라는 것은 사수가 없다는 것을 의미하기도 한다. 신규 입장에서는 이것이 얼마나 공포감을 주는지 모른다. 정말 사소한 것 하나부터 모르기 때문이다. 이번 달에, 이번 주에 아니 오늘 내가 집중해서 처리해야 하는 업무가 무엇인지 알려주는 이도 함께 고민할 사람도 없다. 어느 정도 경험이 쌓이면 업무가 어떻게 흘러가는지 감이 잡히지만, 처음에는 얼마나 허우적거렸는지 모른다. 경력이 있더라도 학교를 옮기게 되면 또 새로운 환경에서 상호작용해야하니 또 신규의 마음이다. 이제는 어느 정도 외로움이라는 속성은 나의 직업에 디폴트라는 것을 받아들이고 있다.

누구나 잘 모르면 그럴 수 있다고 생각한다. 보건교사에 대해 잘 모르면 쉽게 생각하며 말할 수 있다(그 무지가 상대에게 신체적·정신적으로 해를 가할 정도가 아니라는 선에서 말이다). 우리에게도 다른 직업을 공통된 특성으로 납작하게 바라보는 태도가 있을 것이다. '일 그만두고 카페 하나 차려서 여유롭게 살고 싶다'며 퇴직 계획을 세우는 사람들을 자주 본다. 그러나 실제 카페를 운영하는 지인의 이야기를 들어보면 그들은 절대 여유롭지 않다. 예쁜 감옥(그 지인의 표현이었다)에서 얼마나 치열하게 살고 있는지 모른다. 누군가가 보건교사에 대해 쉽게 말하면 잘 몰라서 그러나 보다 하자. 그렇다고 해서 나는 보건교사만의 고충을 강력하게 호소하여 상대의 동의와 인정을 구하고 싶지는 않다. 일을 하며 힘들었던 경험이 있는 그대에게 나도 그러했다는 것을 말하고 싶었다. 그대가 보건교사이든 아니든 일을 하며 누구나 각자의 자리에서 일의 슬픔을 느낄 것이다. 나는 어쩌면 이 글을 통해 혼자 일하는 그대에게 연대에 관해 이야기하고 싶었던 것일지도 모른다.

0.1버전부터 시작해라

"나는 시간으로부터 해방되고 싶다. 시간이 잠시 멈췄으면 좋겠다. 내가 재정비하고 미처 다 못한 일을 끝내고 다시 '지금'을 살아갈 수 있도록 말이다. 오늘의 일을 다 못 끝낸 채 하루가 끝나고 또 하루가 시작되어 버린다. 그리고 오늘의 새로운 일이 추가된다. 발에 무엇인가 질척이고 끈적한 것이 달라붙는 듯한 느낌이다. 잠시 시간이 멈춰서 시간으로부터 해방되어 자유하고 여유롭게 정리하고 싶다. 그리고 준비가 되면 다시 시작 버튼을 누르고 싶다." 2022년 6월에 기록한 나의 상태다. 나는 지인들과 매주 기록모임을 하고 있었고 이날의 주제는 "나는 무엇으로부터 해방되고 싶은가?"였다.

제대로 매듭짓지 못하고 끝나는 하루 그리고 또 시작되어 버린 하루. 이런 하루가 반복되고 누적된 적이 있는가? 하루의 시작이 버겁다거나 시간이 나의 멱살을 잡고 그저 끌고 가는 듯한 느낌이 드는 날 말이다. 어찌 이리도 하루하루가 새롭던지! 어쩜 이리도 역동적인지. 신규교사가 아니더라도 매년이 그리고 매월, 매일이 새로운 것 같다. 적응할만하면 또 새로운 사건이 날 반겨주고, 적응할만하면 새로운 업무가 내려온다. 코로나19만 하더라도 신규이든 30년 경력의 교사이든 모두에게 새로운 사건이지 않았는가. 나는 나를 시간으로부터 해방되어 재정비할 시간이 있었으면 좋겠다고 말했다. 그대도 그러한가? 그러나 현실적으로 불가능한 일이다. 우리는 그래도 나의 직장에서 하루를 살아내야 한다. 우리는 어떻게 일해야 할까.

지금의 시대를 분석하는 많은 연구가 나오고 있다. 피트 데이비스는 현시대의 주류 문화를 '무한 탐색 모드'라고 설명한다. 우리는 어딘가에 정착하지 못하고 끊임없이 스크롤을 내리며 정보를 훑는다. 지금의 우리는 80년대보다 하루 평균 신문 175부 이상의 정보량을 받아들인다고 한다. 175장이 아니라 175부다. 우리의 앎은 커지지만 사실상 우리의 행동으로 이어지는 것은 많지 않다. 앎과 행동의 간극이 있는 것이다. 보건교사에게 주어지는 업무가 다양하다. 건강에 대한 관심이 계속해서 더 많아지는 추세이기 때문에 우리의 업무는 점점 더 세분화되고 새로운 업무가 추가되고 있다. 한 업무당 백 페이지가 넘는 매뉴얼을 읽으며 업무를 파악한다. 파악해야 할 것이 많다 보니 분명 작년에 했던 업무인데도 새로울 때가 있다. 이 업무를 1년 만에 만나기 전까지 그사이에 다채로운 업무들을 겪어서 그런 것 같다. 매뉴얼과 공문을 다시 들여다보며 파악하고 개정된 건 없는지 공부한다. 새 학기를 본격 준비하는 2월이 되면 언제나 긴장이 맥스(MAX)다. 머릿속은 한 해 동안 해야 할 업무들로 복잡하다. 이때 우리에게 필요한 것은 선택과 집중이다. 피트 데이비스는 무한탐색모드의 반대되는 반주류 문화를 '전념'이라고 말한다. 다양한 문을 탐색하는 것을 멈추고 하나에 전념, 몰입 그리고 헌신하는 태도가 필요하다.

한 해의 보건 업무라고 생각하면 숨 막히듯 버겁게 다가올 수 있다. '아, 학생 건강검진도 진행해야 하고, 위원회 내부·외부 위원들 위촉해야 하네. 교직원 응급처치 일정도 잡아야 해. 보건교육이 언제 있었지?'. 해야 하는 업무들이 머릿속을 마구잡이로 헤집고 다닌다. 이것을 하다가 저것도 생각나서 저것을 하다 미처 다 끝내지 못한 이 업무로 돌아온다. 이러한 태도의 무한반복일 때가 있지 않은가. 그러면서 또 일이 복잡해 긴 호흡이 필요한 업무는 시작을 미룬다. 그대도 이와 비슷한 경험이 있다면, 우리에게는 0.1버전부터 시작하는 태도가 필요하다. 내가 집중해서 할 큰 주제의 한 가지 업무를 정하자. 그 업무를 아주 잘게 쪼개보자. 쪼갠 조각들을 적어 보는 것이 좋다. 머릿속에 있는 것보다 훨씬 가시적이기 때문에 우리의 뇌가 받아들이고 행동하기가 쉽다. 그리고 이제 0.1버전부터 하는 것이다. 해당 업무를 시작하기 위해 '워드 파일 열기' 같은 것 말이다. 개요를 끄적여 보고, 좀 더 가독성을 위해 표를 만든다거나 그림을 넣는다면 버전이 업그레이드된다. 그렇게 차근차근 단계를 올려보자. 우리의 행동에는 가속도가 붙게 되어 0.1 버전에서 0.2, 0.5, 0.7, 버전 1이 되고, 버전 2가 되고 그럴 것이다.

경영학자에게 존경받는 경영학자 피터 드러커는 '지식 근로자'라는 개념을 말한다. 내가 어떠한 직업을 갖고 있는 것과 별개로 지식근로자의 마인드로 일하는 것은 육체노동자 마인드로 일하는 것과는 다르다. 카페 아르바이트를 한다고 해도 별생각 없이 일하기보다 어떻게 하면 더 신속하게 메뉴를 제조할 수 있을지, 손님이 항의할 때 어떻게 대응하면 좋을지 연구한다거나 등 이러한 태도로 일한다면 어떨까? 또한 이러한 노하우를 매뉴얼로 만들어 동료에게 전한다면?

우리 보건교사 또한 지식 근로자의 마인드를 가지고 일하는 태도가 중요하다. 사업가 정신을 가지고 우리의 업무를 잘 운영해야 한다. 나만의 업무 루틴을 만들고, 업무 시스템을 구축하는 것 말이다. 내가 구축하고 있는 시스템 네 가지를 소개한다. 첫째, 연간-월간-주간 계획이다. 연차가 하나 둘 쌓이다 보면 데이터가 누적된다. 일 년의 업무를 쪼개어 월별 목표로 분배한다. 그리고 그 월별 목표를 쪼개어 주간목표로 가져온다. 그렇게 되면 새롭게 생긴 업무가 치고 들어오더라도 중심을 잘 지키고 이번 달에 해야 하는 주요 업무들을 해낼 수 있다. 둘째, 피드백 리추얼이다. 매주 금요일에 주간 업무를 피드백 시간을 가진다. 나는 보통 한 주에 세 가지 업무 목표를 세우는 편이다. 목표한 바를 얼마나 이루었는지, 이루는 데 무엇이 도움이 되었는지 등을 돌아본다. 그리고 그 주의 기록을 점검하며 해야 하거나 하고 싶은 업무들을 적는다. 그리고 각각에 기한을 부여한다. 마지막으로 다음 주 세 가지 업무 목표를 정한다. 물론 다양한 요인들로 인해 목표한 대로 그 주가 흘러가지 않을 수도 있다. 그러나 내가 가고자 하는 방향키를 쥐고 있으니 피드백하며 다시 노선을 정할 수 있다. 금요일에 못 하게 되면 주말에라도 하려고 노력한다. 피드백을 한 것과 안 한 것의 차이는 매우 크기 때문이다. 셋째, 나만의 양식 만들기다. 계속 반복되는 업무의 경우 양식을 만들어 두면 좋다. 무엇을 구매하거나 사업을 진행할 때 재정 품의를 올려야 할 때가 많다. 그리고 나의 경우 실수가 종종 생기는 업무다. 그래서 품의 준비 양식표를 만들어서 빼먹은 것이 없는지 체크하며 기안을 올린다. 그렇게 되면 크로스체크가 되고 훨씬 실수가 적어진다. 넷째, 업무 아카이빙이다. 매년 아날로그와 디지털로 업무를 바인딩해 두었다. 정리 및 분류가 잘 되어 있으니 올해 또는 작년 자료를 찾아보려고 할 때 접근성이 좋다. 예를 들어, '건강검사' 이름표가 있는 바인더가 있다. 그 바인더의 목차에는 매뉴얼, 건강검진, 소변검사, 결핵검사, 시력검사 등이 있다. 각각에 해당하는 공문, 서류, 가정통신문, 양식, 유증상자 명단, 피드백 등을 정리해 둔다. 그렇게 정리해두면 매년 건강검사 업무를 진행하는 나에게도 도움이 되고, 나의 동료에게 이 매뉴얼로 도움을 줄 수 있다. 지난 겨울방학에 신규로 발령

받는 보건선생님들께 새학기 멘토링 연수를 진행했다. 보건 업무에 대해 연수하며 업무 바인더를 보여드리자 잘 정리된 필요한 서류, 양식 등을 직접 확인할 수 있어서 큰 도움이 됐다고 말씀해 주었다.

번아웃(Burn-out)이라는 말은 익숙할 것이다. 혹시 보어아웃, 브라운 아웃에 대해 들어보았는가? 보어아웃(Bore-out)은 직장인들이 직장생활의 지루함과 단조로운 업무 때문에 겪는 의욕 상실을 뜻한다. 그리고 브라운아웃(Brown-out)은 연차가 쌓이며 더 이상 열정이 없는 상태를 의미한다. 보건교사로 일하며 몰입하여 살아갈 때도 있지만, 번아웃의 시기가 있을 수 있다. 보어아웃이나 브라운아웃일 수도 있고, 그 둘의 중간 지점일 수도 있다. 그럴 때는 또 자신을 너무 볶아치지 말자. 자신이 무엇을 놓치고 있는지 돌아보기도 하며 나에게 오는 파도에 그저 몸을 맡기는 태도도 필요하다. 그렇게 시간을 보내다 에너지가 차오르면 다시 서프보드에 중심을 잡고 일어서서 파도를 타면 된다. 매일 헤매지만, 매일 해내길 바란다. 우리 모두!

단단한 보건교사, 단단한 삶

가상의 인물인 보건교사 A를 상상해 보자. A 선생님은 평소 학생들에게 친절하고 꼼꼼하게 처치한다. 그래서 학생들과의 관계도 잘 쌓아져 있는 편이다. A 선생님은 평소 다른 교직원분들과도 관계가 좋다. 햇볕이 내리쬐는 5월, 체육대회 날이었다. 계주에서 열심히 달린 남학생이 땀을 많이 흘려서 그늘에 좀 누워 있었다. 누워있는 시간이 좀 오래된 것 같아 담임선생님이 학생에게 갔고 무언가 이상한 낌새를 느꼈다. 학생이 숨을 쉬지 않는 것이다. 급히 보건 선생님께 이 소식을 알렸고, A 선생님은 상태 확인 후 심정지 판단하여 CPR을 시작했다. 다행히 신속한 발견과 응급처치 및 병원 이송으로 학생의 호흡과 맥박은 정상으로 돌아왔다. 학생들과 라포를 형성하며 좋은 관계를 맺고 있는 것 그리고 학교 동료 선생님들과 긍정적인 상호작용을 하는 것 등등 이러한 요소는 우리가 업무를 하며 물론 중요하다. 그러나 우리에게 정말로 필수적이고 중요한 요소는 '고유 업무'에 대한 능숙함이다.

보건실에 오는 방문자 유형을 보자. 98% 이상이 아픈 사람이다. 보건실에 있다 보면 하루 종일 아픈 이야기를 듣고, 아픈 표정을 보고, 아픈 상태를 마주한다. 우리는 보건실에서 하루의 3/1을 아니, 깨어있는 절반의 시간을 보낸다. 내가 보고 듣고 느끼는 환경이 이러하니 사실 굉장히 소모적일 때가 많다. 때로는 내가 보건실에 방문하는 그 누구보다 심리적·신체적으로 상태가 안 좋을 때도 있다. 그럼에도 최대한 평소와 같은 텐션으로 대하려고 노력한다. 그래도 어쩔 수 없이 드러날 때가 있긴 하지만 치료를 제공하는 사람의 영향력에 대해 계속 인지하려고 노력한다. 여러 연구에 따르면, 치료를 제공하는 사람의 역할이 통증 완화에 영향을 준다는 사실이 확실해지고 있다고 한다. 치료를 제공할 때 환자에게 시간과 관심을 줄수록 그 치료의 통증 완화 효과는 더 높아지고, 치료 제공자의 자신감도 중요하다고 한다. 보건교사로서 내가 응급처치 및 투약을 하거나 건강상담 및 건강정보를 제공할 때 이러한 나의 영향력과 태도에 대해 곱씹으려고 노력한다.

우리 동네에 프렌차이즈부터 개인 카페까지 다양하게 있다. 그런데 그 중에서도 내가 무척이나 좋아하는 카페가 있다. 공간 자체가 편안함을 주도록 분위기가 조성되어 있고, 커피도 맛있다. 항상 깨끗하게 청소한다. 그리고 무엇보다 부부 사장님이 너무 친절하다. 그 카페에 앉아 있다 보면 이제 오픈한지 1년이 좀 넘은 곳인데도 동네 주민분들이 반갑게 인사하며 들어온다. 단골 꼬마 아이들도 있다. 아무리 편안한 분위기의 카페여도 음료가 맛이 없거나 사장님이 불친절하다면 그 카페에는 발걸음이 뜸해지게 된다. 베이커리가 무척이나 다양하더라도 그 카페에서 시간을 보내기 불편하다면 이 또한 다시 가기 어려워진다. 카페가 우후죽순으로 생겨났다가 사라지고 있는 생태계에서 살아남기 위해서는 카페를 운영하는 역량이 무척이나 중요하다. 어느 날 동료 선생님이 나에게 교수님께 들은 이야기를 해줬다. 피아노를 칠 때 '도'만 칠 수 있는 사람이 있다. 그 사람은 상대에게 '도'만 들려줄 수 있다. 그리고 '도레미파솔라시'를 칠 수 있는 사람이 있다. 그 사람은 상대에게 다양한 연주를 들려줄 수 있다. 우리에게 적용해보자면, 우리 또한 우리가 갖고 있는 역량에 따라 학생에게 해줄 수 있는 것이 다를 것이다. 우리는 학교에서 학생들의 건강과 밀접하게 연결되어 있다. 그러니 자신의 분야에서 역량을 기르는 것은 너무나 중요하다. 내가 아는 것만큼 학생을 보는 해상도가 높아질 것이다.

수학 선생님은 임용고시를 준비할 때 수학을 전공과목으로 준비한다. 그리고 임용에 합격하고 학교에서 학생들에게 수업을 가르친다. 보건 선생님은 임용고시를 준비할 때 보건을 전공과목으로 준비한다. 그리고 임용에 합격하여 학교에서 보건 과목을 가르치지는 않는다. 물론 보건 전문교과가 따로 있는 특성화고등학교를 제외하고 말이다. 그러나 그렇다고 해서 공부하는 것을 멈춰서는 안 된다. 계속해서 공부해야 한다. 그리고 이 공부는 일반 시험을 준비하는 것과는 달리 정해진 출제범위나 정확한 시험 범위가 있지 않다. 나는 각 시도교육청에서 제작한 보건교사 실무매뉴얼, 응급의료 관리 매뉴얼 그리고 시중에 판매되고 있는 응급처치 관련 책을 구매하여 공부한다. 약물과 관련해서 공부할 때도 있고 상처치료와 관련해서 공부할 때도 있다. 학교에서 새 학기에 해야 하는 업무 중 가장 중요한 것은 요양호 학생을 파악하고 상담하는 것이다. 파악하다 보면 제1형 당뇨, 제2형 당뇨, 천식, 모야모야, 심근염, 선천성심질환 등등 학생들이 발견된다. 그러면 다시 전공 책 등을 찾아보며 공부한다. 때로는 내가 공부하는 영역이 당장 눈에 보이는 성과가 있지 않더라도 하루하루 누적되는 힘은 클 것이다. 이는 나의 역량, 능숙함이 되어 단단한 보건교사가 될 수 있을 것이다.

　보건교사의 업무는 '예측 불가능' 그 자체라고 생각한다. 출근부터 퇴근 때까지 학생들이 몰아치는 날이 있다. 이제 출근한 지 3시간이 지났는데 학생이 이미 40명이 보건실에 방문했다거나 오늘 응급상황이 발생해 119로 병원 이송을 2번 했다거나 혼이 쏙 빠지는 날이 있다. 때로는 방문 학생 수가 여유롭고 고요한 날이 있다. 출근하며 어떠한 오늘이 펼쳐질지는 알 수 없다. 퇴근해서야 오늘이 어땠는지 말할 수 있다. 그렇기에 대답하기 어려운 질문 중 하나는 "선생님 지금 바빠요?"이다. 우리는 '대기

조' 같다고 다른 선생님과 이야기를 나눈 적이 있다. 언제 어떤 상황이 펼쳐질지 모르니 우리의 자리를 계속 지키는 것이다. 예측 불가능은 사람이 스트레스를 받는 세 가지 조건 중 하나이다. 그렇기 때문에 이러한 하루가 쌓이다 보면 스트레스가 누적이 되어 업무를 감당하기 어려운 상태가 될 수 있다. 학교에서 학생들의 안녕을 도우려다가 나의 안녕이 무사하지 않을 수 있다. 보건교사인 우리도 나를 잘 보살펴 주어야 한다. 또 그래야 좋은 에너지가 선순환되어 학생들에게도 흘러간다.

　나는 보건실에 자신의 불편함을 가지고 오는 이들에게 따뜻하게 환대하고 싶은 마음이 있지만, 그게 마음처럼 쉽지 않다. 헨리 나우웬은 타인을 환대하는 삶을 살기 위해서는 읽고 쓰고 공부하는 등 혼자만의 시간을 많이 가져야 한다고 말한다. 그렇지 않다면 다른 사람을 치유할 수 있는 고요하고 평온한 공간을 창조하지 못할 것이라고 말이다. 읽는 것, 쓰는 것 그리고 공부하는 것은 '나의 깊이'에 집중하는 시간과 연결되어있다. 깊이에 집중하는 혼자만의 시간을 진득하게 가진다는 것은 마치 깊은 산 속에 들어가 도를 닦으며 도를 터득한 도사가 연상이 된다. 이 도사는 깊이 있는 바다와 같은 마음을 가지고 있을 것이다. 그래서 돌멩이가 그 바다에 던져지더라도 큰 파동을 일으키지 않을 것이다. 이러한 태도는 밀려 앉아있는 학생들을 보며 시간에 쫓겨 마음이 급해지고 잔뜩 작아져서 혼자 분주하여 우당탕탕 아이들을 맞이하는 내 모습과는 정반대였다. 그리고 '녹초가 되어 짜증을 잘 내는 주인은 손님이 찾는 것을 절대 줄 수가 없다'는 문장을 읽으며 그 '주인'이 마치 지금의 나와 같았다. 오늘은 어떤 파도가 들이닥칠지 알 수 없고, 이미 내가 겪고 있는 파도에서 균형을 잡고 서 있기도 벅차 녹초가 될 때가 많았기 때문이다. 혹시 나의 이야기에 공감이 되는 부분이 있었는가? 그렇다면 보건실에 찾아오는 이들에게 치유의 공간을 주기 위해서 그리고 따뜻하게 환대하기 위해 각자의 혼자만의 시간을 가질 필요가 있다. 그 시간은 개인마다 다를 것이다. 책을 읽을 수도 있고 글을 써 내려갈 수도 있다. 명상할 수도 있고 신앙이 있다면 기도를 할 수도 있다. 이러한 혼자만의 시간을 통해 내가 먼저 단단해져야 한다.

유연한 태도를 기억하자. '안티 프레질(Antifragile)'이라는 말을 들어보았는가? 나심 니콜라스 탈레브가 처음으로 사용한 말이다. 'Fragile'은 '부서지기 쉬운, 깨지기 쉬운'을 의미한다. 'Anti-'라는 접두사가 붙었으니 반대되는 뜻을 의미한다. 이는 단순히 단단해서 어떠한 충격에도 깨지지 않는 속성을 의미하는 것이 아니다. 오히려 안티프래질은 충격을 가할수록 강해지는 속성이다. 내가 전달하고 싶은 의미의 단단한 보건교사는 사실 안티프래질한 보건교사를 의미한다. 예측 불가능한 우리의 업무 상황을 디폴트로 여기고, 내게 주어지는 충격에 오히려 더 성장해 버리는 보건교사 말이다. 그리고 단단한 보건교사보다 또 다른 중요한 게 있다. 보건교사 이전에 '나'의 존재를 인식하는 것이 더욱 중요하다. 빈칸에 자신의 이름을 넣어 말해보자. 단단한 '○○○'.

업무 스펙트럼

코로나19 엔데믹 이후 또 다른 감염병 X가 팬데믹에 대한 위험은 여전히 존재한다고 한다. 코로나19 팬데믹을 지나며 학교에서 보건교사의 역할의 중요성에 대해 알려지는 좋은 계기가 된 것 같다. 학교는 감염병에 취약할 가능성이 높다. 집단생활을 하고 있기 때문에 한 학생이 감염병에 걸리면 쉽게 전파가 되기 때문이다. 그리고 학교에서의 방역이 무너지게 되면 가정, 지역사회까지 영향을 끼치기 때문에 파급력이 크기도 하다. 건강하고 안전한 학교를 위해 보건교사의 역할은 중요하다. 나는 보건교사이지만 사실 초등학교, 중학교, 고등학교 생활을 통틀어 보건실에 방문한 적이 한 손에 꼽을 수 있다(3번 정도인 것 같다). 정말 심각할 때만 보건실에 갔고 웬만하면 참거나 그냥 다녔던 것 같다. 보건 선생님을 자주 뵙지도 않았고 주변에 지인 중에도 이 직업에 계신 분이 없으니 보건교사를 생각하거나 준비하기 전까지 나조차도 보건교사에 대해 잘 몰랐다. 그나마 나는 간호학과를 전공하며 교육학을 병행했으니 간접적으로 보건교사의 업무에 대해 접할 수 있었다.

나처럼 보건실에 자주 가지 않았다거나 이 직업과의 접점이 없다면 더욱이 보건교사에 대해 잘 모를 것 같다. 주변 사람들에게 보건 선생님에 대한 인식을 확인해보면 사실 무엇을 하는지 잘 모르는 것은 당연하고, 학생들이 안 오면 할 일이 없는 줄 아는 것 같다. 굉장히 여유롭고 할 일이 없어 부러워하는 반응도 있었다. 그러나 쉽기만 한 일이 어디 있겠으며 쉽기만 한 직장이 어디 있겠는가. 우리의 일 또한 단순하지만은 않다. 학생들에게 보건 수업을 하거나 보건 지식을 알려주는 것 그리고 학교에서 다치거나 아픈 학생들을 치료하는 것만이 우리의 업무가 아니다. 또 시대가 변하는 만큼 교육의 트렌드와 방향성이 달라지니 기성세대의 보건교사와 또 지금의 보건교사가 하는 일이 다르다. 그러다보니 학교에서 경력이 많은 일반교사도 보건교사의 업무를 오해하고 있는 경우도 있다. 보건교사 업무 스펙트럼에 대해 소개하기엔 경거망동일 수도 있다. 사실 나도 아직 보건업무에 대해 배워가는 단계이기 때문이다.

대학교를 졸업하고 나에게 1년이 넘는 기간 동안 카자흐스탄에 머무르게 될 기회가 주어졌다. 내가 머물렀던 지역은 겨울이 되면 영하 몇십도로 내려가다보니 혹독한 겨울 눈보라를 온몸으로 맞으며 지냈다. 그러며 눈으로 온 세상이 뒤덮여 아름답기도 했지만 봄이 주는 생명력과 잎사귀를 나는 좋아했기에 봄이 오기를 기다렸다. 그런데 3월, 4월, 5월 아무리 기다려도 봄이 오지 않았다. 겨울동안 내내 쌓여왔던 눈이 녹으며 흙과 뒤섞여 질퍽였다. 그로 인해 거리는 지저분해 보였다. 날씨는 계속 흐리고 따뜻해지지도 않았다. 이때 이러다가 계절성 우울이 올 수도 있겠구나 싶었다. 그러다가 현지 친구와 이야기해보니 이게 카자흐스탄의 봄이라는 사실을 알게됐다. 나는 이곳에서 한국의 봄을 기다렸던 것이다. 푸릇하고 초록이 무성한 계절을 말이다. 개나리, 목련, 매화, 벚꽃이 거리를 가득 채우는 계절 말이다. 그러나 이곳의 봄은 한국과 다르다. 이곳의 봄은 이렇게 겨울동안 꽁꽁 얼어있던 곳곳이 녹으며 여름을 맞이할 준비를 하는 계절이었던 것이다. 이 사건을 통해 나는 맥락적 사고에 대해 배우게 됐다. 단순히 표면적으로 보이는 상황을 넘어서 상황에 맞게 생각해야 하는 것이다. 맥락에 따라 A가 옳을 수도 있고, 틀릴 수도 있다. 이름하여 '봄 사건'으로 인해 나는 좀 더 맥락적으로, 유연하게 사고하려고 하게 되었다.

학교 안팎으로 보건교사의 업무 스펙트럼은 다양하다. 아무리 경력이 있는 선생님이어도 학교를 옮기게 되면 또 새롭다. 업무의 큰 줄기는 같을지라도 업무를 진행함에 있어서 그 학교의 상황, 관리자의 성향, 교직원 간의 상호작용, 예상치 못한 사건들 간의 상호작용이 서로 얽히고 섥

히기 때문이다. 모든 보건교사가 학교에서 '똑같이' 일하고 있지 않다. 기본적인 업무에서 각자 스펙트럼을 넓히고 계신다. 성, 응급처치, 진로 등 다양한 주제로 동아리를 운영하시는 보건교사가 있다. 특성화고등학교 중 보건간호과가 있어 담임도 하며 해당 과목을 가르치는 보건교사도 있다. 방과 후에 교과 보충 프로그램을 운영하시며 다양한 주제로 학생들에게 영향을 주는 보건교사, 유튜브에 보건교사에 대한 영상 또는 보건교육과 관련된 영상을 올리는 보건교사가 있다. 보건 수업 연구회 활동을 활발히 하며 여러 대회에 나가 입상하시는 보건교사, 성에 대해 알고 싶어 성교육에 대한 주제로 독서모임을 하는 보건교사도 있다. 학교 간 전문적학습공동체 등 모임을 통해 교류하며 수업을 연구하는 보건교사, 보건교사회 같은 단체에 구성원이 되거나 임원이 되어 보건교사들이 좀 더 나은 업무 환경에서 근무하실 수 있도록 힘쓰는 보건교사, 저경력 멘티 보건교사에게 보건 업무를 가르쳐주는 멘토 보건교사 등등 말이다. 신규거나 저경력이라면 우선 우리의 업무 중 핵심 줄기에 해당하는 업무에 주로 집중하는 것이 맞다. 그리고 이것만 하더라도 벅차고 쉽지 않을 것이다. 그러다 어느 정도 손에 익게 되면 좀 더 이제 고개를 들고 주위를 둘러보면서 업무의 스펙트럼을 넓혀가는 것도 좋을 것이다.

직업인과 직장인의 차이에 대해 생각해 본 적이 있는가? 그 둘을 구분해서 생각해 보지 않았거나 무언가 다른 것 같긴 한데 명확하게는 인지하지 못했을 수 있다. 더랩에이치 대표인 김호 님의 세바시 강연이나 책을 보면 그 차이에 관해 이야기한다. 직장인은 말 그대로 직장에 다니는 사람을 의미한다. 그리고 직업인은 특정 분야에 전문가로서 자신만의 대체될 수 없는 독특한 개인기와 기술을 가진 사람을 의미한다. 직장 안에서 상사가 시키는 대로 일하는 것에만 집중하는 것이 아니라 자신만의 개인기를 만들어 가는 것이 중요하다는 것이다. 보건교사가 직장인에서 그치는 것이 아니라 직업인이 되기 위해서는 어떻게 해야 할까?

앞서 보건교사의 업무 스펙트럼에 대해 이야기한 것은 마치 나무가 계속해서 가지를 쭉쭉 뻗어나가는 형태였다면 지금 말할 이야기는 뿌리에 대한 것이다. 바로 '내' 업무 스펙트럼을 넓히는 것이다. 뿌리를 깊게 내리는 것에 대해서는 앞 챕터('단단한 보건교사 단단한 삶')에서 다루었다. 나무가 뿌리를 넓게 뻗으며 물을 찾듯이 내가 '나의' 업무 스펙트럼을 넓히기 위해 해본 것을 소개한다. 첫 번째는 엑셀이다. 직장인에게 있어 가장 기본 중에 기본 도구다. 이미 엑셀을 잘 다루는 사람에겐 '이게?'라고 생각이 들 수도 있다. 그러나 사실 난 그 기본 도구인 엑셀로 아주 기본적인 것만 할 수 있었다. 그래서 강의를 통해 엑셀을 배우고 있다. 엑셀이라는 세계를 조금씩 배워가니 엑셀로 할 수 있는 것이 아주 많고, 업무 시간이 무척이나 단축되어 효율적으로 일을 할 수 있었다. 두 번째는 PPT다. 또 의아하게 생각할 수 있다. 보건 수업 등 교육을 위해 PPT, 카드뉴스, 포스터를 만들 때가 있다. 이러한 자료는 미리캔버스와 같은 무료 온라인 디자인 플랫폼에서 만들 수 있고, 검색포털에서 양식을 검색해 만들 수도 있다. 이렇게 필요한 자료를 찾는 것 그리고 기존 자료 및 도구를 활용하는 것 또한 디지털 리터러시다. 그리고 나는 컨텐츠 제작 능력을 기르기 위해 PPT를 공부한다. 그렇게 거창한 공부는 아니다. 인스타그램과 같은 소셜미디어를 둘러보면 PPT 고수들이 많이 있다. 그분들이 올리는 게시글을 보며 직접 실습하는 것이다. PPT에도 내가 몰랐던 단축키나 기능들을 배워가다보면 '이것을 이제 알았다니!'하고 무릎을 칠 때가 있다. 그동안은 일일이 건드리느라 시간이 많이 들었는데 말이다. 역시 배우고 볼 일이다. PPT와 더불어 프로크리에이터 등 디자인 툴을 배워가고 있기도 하다. 이를 학생들 교육자료나 가정통신문을 보낼 때, '학생들이 이 자료를 받아보았을 때 어떻게 해야 좀 더 잘 이해할 수 있을까?', '어떻게 적어야 또는 어떤 형식으로 해야 학생들이 잘 이해할 수 있을까?' 등을 고민한다. 세 번째는 온라인 툴이다. 나는 구글 설문지로 학급운영하는 유료 강좌를 이수한 적이 있다(교사를 위한 사이트에서 전혀 비싸지 않은 가격에 배웠다). 사실 어느 정도 구글 설문지를 사용할 수는 있었지만, 내가 몰랐던 여러 기능을 제대로 배우게 되니 그 이후에 보건 업무에 구글 설문지를 사용하는 것에 더 자유롭고 용기있게 적용할 수 있게 됐다. 그 다음은 '노션(Notion)'이다. 이는 정말 무궁무진하게 활용가능한 생산성 툴이다. 노션을 알게 된 후 관련 책을 보며 실습해보기도 하고, 강의도 찾아 들어보는 등 연습을 꾸준히 했다. 노션을 내 개인 일상과 관련되어 사용하기도 하지만, 특히나 보건 업무 데이터베이스를 정리하는 데에도 활용하고 있다. PC뿐만 아니라 핸드폰 어플로도 확인할 수 있다. 그래서 당장 확인할 자료가 있는데 내가 바로 보건실 PC 앞에 있지 않다거나 할 때 내 업무 관련 정보를 찾아볼 수 있어 유용하다. 나는 나의 업무 스펙트럼을 넓히기 위해 이렇게 세 가지를 공부했다. 그리고 또 사람에 따라 공부할 수 있는 종류의 스펙트럼은 다양할 것이라고 생각한다.

누군가는 '굳이 그렇게까지 하나?'라는 생각을 할 수도 있다. 내 업무에만 신경쓰면 될텐데 무엇하러 학교 안팎으로 활동하는지 말이다. 그리고 필요한 교육자료나 가정통신문은 커뮤니티를 조금만 검색해보면 다 있는데 무엇하러 직접 만드는지 말이다. 그 마음도 무엇인지 이해된다. 사실 나도 그렇게 생각했던 사람이기 때문이다. 그리고 때로는 나도 그러한 마음으로 생산하기 보다는 있는 자료를 활용하기도 한다. 그러나 조금씩이라도 나의 업무능력을 향상시키는 방향으로 나아가려고 노력한다. 그러다보니 나의 반경을 넓혀가게 되었다. 그리고 그럴수록 내가 만나게 되는 또 다른 새로운 세계가 있었다. 2023년부터 참쌤스쿨 9기로 활동하게 되었다. 참쌤스쿨은 전국의 150여명의 교사가 함께하는 학교 밖 전문적학습공동체이다. 그리고 경기도보건교사회 임원이 되어 활동하고 있다. 그러다보니 보건교사 뿐만이 아니라 다양한 교과 선생님과 교류하게 되었다. 이에 따라 나의 관점이 점점 다채로워지고 다각화되었다. 그리고 다양한 교사들을 만나며 업무 자체에 대해 그리고 업무를 대하는 태도에 대해 배워갔다. 그리고 좋은 아이디어를 공유받기도 하며, 가치관이나 태도도 배우게 된다. 내가 속한 보건실, 내가 속한 학교에만 머물러 있지 말고 조금만 더 밖으로 나와보면 얼마나 멋진 사람들과 멋진 세계가 펼쳐지는지 모른다. 이 글을 읽는 그대도 이러한 놀라움과 기쁨을 함께 알았으면 좋겠다.

함께 일하고 있습니다

어느 날 오전에 학생 K가 보건실에 왔다. K는 여러 문제로 이미 여러 선생님이 교육하기 어려운 학생이었다. 그리고 나에게 거짓말을 하는 등 과거력이 있어 K를 대하는 내 마음이 좋지 않았다. 점심시간에 동료선생님과 그 학생에 대한 내 마음에 어려움을 이야기했다. 선생님은 내 이야기를 잘 들어주었고 공감해주었다. 그리고 나와 복도를 지나는 길에 그 학생의 담임선생님을 만났다. 선생님이 먼저 오셔서 "보건선생님! K 때문에 너무 힘드셨죠. 죄송해요" 말씀했고 잠시 서서 서로의 어려움에 대해 나누었다. 오전에는 마음이 어려웠는데 선생님들을 만나고 나니 마음이 괜찮아졌다. 그리고 이제 보건실에서 학생들을 처치하고 있었는데 세 명의 단골 학생이 보건실 놀러와서 오늘 수업 시간에 롤케익을 만들었다며 만든 빵을 나에게 주러 왔다. 그리고 보건실에 또 다른 단골 학생 D가 이런 저런 재밌는 얘기를 해줘서 같이 웃었다. 일과가 마무리 되고 퇴근하기 전 조용히 오늘 하루를 잠시 돌아봤다. 나에게는 지금 3개의 롤케익이 있고, 무겁고 축 처져있던 나의 마음은 어느새 가벼워져 있었다. 오늘 있었던 일련의 사건들이 연결되며 들었던 생각을 일기에 적었다. '학생들은 나에게 어려움도 주지만, 동시에 몽글함도 준다. 이는 고마움, 미안함, 부끄러움이 섞여 있으며 교사가 되길 잘했구나 하는 마음이 더해진 감정이다.'

사람이라는 존재 자체가 그런 것 같다. 사람이 상처를 주기도 하고 행복을 주기도 하니 말이다. 나는 첫 번째 챕터에서 혼자 일하는 보건교사에 대해 글을 썼다. 그리고 이번에는 역설적이지만 함께 일하는 것에 대한 이야기를 쓰고자 한다. 복잡계인 이 세상에서 혼자 일한다는 것은 말이 되지 않는다. 물론 일을 대하는 것에 있어서 내가 온전히 책임져야 하는 영역이 있다. 보건교사는 우리 학교에 나 혼자이지만(보건교사 2인 배치교 제외), 나는 함께 일하고 있다. 혼자 힘으로 살아갈 수 있는 사람은 아무도 없을 것이다. 살아가며 우리는 단 한명일찌라도 그에게 영향을 주고 있고, 단 한명일찌라도 그에게 영향을 받으며 살아가고 있다. 그렇다면 보건교사는 누구와 함께 일하고 있을까? 학교 안에서는 관리자, 부장, 담임교사, 동료고사, 행정실 직원, 학생 등이 있다. 그리고 학교 밖에서는 보호자, 멘토교사, 동기 보건 교사, 내가 속해있는 단체의 교사, 교육청 등등이 있다. 보건실에서 혼자 일하고 있다고 해서 모든 일을 다 내가 떠안으려고 하지 않아도 된다.

　너무 뻔한 문장이지만 함께 일을 하면 성장할 수 있다. 신규 임용이 됐을 때 임용 공부는 열심히 했지만, 정작 보건교사가 학교에서 실제로 어떤 일을 하는지는 몰랐다. 새학기를 위해서 당장 2월에는 어떤 것을 준비해야 하는지 잘 몰라 멘붕이었다. 그때 어떻게 연락처를 알았는지 경력이 많은 보건교사 J가 연락을 줬다. 그 해 함께 발령받은 나를 포함한 6명의 신규 보건교사는 보건교사 J의 학교 보건실에 초대를 받았다. 그때 새학기 준비로 어떤 것을 해야 하는지, 월별 업무에는 무엇이 있는지 등 업무에 대한 것을 배웠다. 그리고 보건실에서의 외상처치와 보건실 구성 등에 대해 알려줬다. 그리고 그 뒤로는 멘토 보건교사가 생겨서 보건교사 H가 직접 내가 있는 보건실로 찾아와 업무에 대해서 1:1로 알려주셨다. 이러한 만남은 몇 번 더 있었고, 직접 만나지 않아도 전화로 많은 도움을 받았다. 학교에서의 경험이 백지 그 자체였던 나에게 이러한 도움은 정말 눈물이 날 정도로 감사했다. 그리고 매일매일 동기 보건교사 단톡방에서 계속 연락하고 있다. 동기가 있어서 얼마나 든든한지 모른다. 그러던 어느 날 내가 받았던 도움을 나도 줄 수 있는 기회가 생겼다. 내가 신규 발령받은 보건교사를 우리 학교 보건실에 초대하여 새학기 준비 멘토링을 진행한 것이다. 사실 내가 멘토링을 할 자격이 있을지 걱정이 들었다. 내가 십몇년, 또는 몇십년 일한 선생님들에 비해 경력이 얕은 것 사실이기 때문이다. 그러나 나는 좀 더 신규 보건교사의 입장을 잘 알고 있다는 장점이 있었다. 내가 신규 때 사실 정말 별 것 아닌 것 같아 질문하기도 이매한 영역이 있었다. 하지만 그 당시의 나에겐 정말 어려웠던 문제였다. 나는 그러한 것들을 알고 있었기에 그런 점은 자세히 알려줄 수 있을 것 같았다. 신규 보건교사들은 2시간 이상 걸리는 먼 곳에서 와 연수를 들었다. 나는 그 시간을 걸려 직접 연수 받으러 오는 열정에 정말 감탄했다. 끝나고 피드백을 받기 위해 설문조사를 했다. '더 바랄 것 없는 완벽한 연수였다', '오기 전에는 멀어서 고민됐는데 고민했던 게 사라졌어요' 등등 남겨주셨다. 이렇게 우리는 업무를 하면서 적극적으로 멘토를 찾거나 함께 협력할 공동체를 만나는 등 연결되고 협력해야 살아남을 수 있다는 생각이 든다.

어느 날 학생 한 명이 복통으로 보건실에 왔다. 사실 정말 많은 학생이 하루에 소화기계 문제로 많이 찾아오기에 이 학생도 그런 학생 중 한 명이라고 생각했다. 학생의 상태를 파악하는 중에 학생이 무언가 대답하기 꺼리는 지점을 느꼈다. 그냥 넘어가려다가 자세히 알아보다 보니 위클래스에 연결해야 할 학생이라는 판단이 됐다. 위클래스 선생님께 나중에 들어보니 그 학생은 내가 생각했던 것보다 더 심각한 상황이었다. 이날 우리가 이 학생의 심리적인 상황을 발견하지 못했다면, 정말 큰 일이 일어났을 수도 있었다. 학생의 작은 신호를 넘어갈 수도 있었는데 좀 더 자세히 들여다본 내 스스로를 잘했다고 격려했다. 그리고 일에서 나의 태도도 다시금 다짐했다. 보건실에 하루에도 수십 명의 학생이 오지만, '한 사람'에게 집중하기. 한 사람의 필요에 민감하게 반응하기.

우리는 학생들과 함께한다. 우리의 업무에 있어 가장 주되며 가장 중요한 대상이다. 나는 학생들을 대하면서 내가 다정하게 대하고자 항상 되뇐다. 학생들의 신체적 고통은 자세히 들여다보면 때로는 심리적인 고통일 때가 많다. 나는 많게는 하루에도 여러 번 자해한 학생들을 만난다. 어른인 우리에게도 쉽지 않듯이 아이들은 자신이 아플 때 이 아픔의 기원이 신체적인지 심리적인지 깊이 있게 들여다보기 어려울 것으로 생각한다. 그러니 자신이 아플 때 '내가 지금 상담이 좀 필요한 것 같아' 하기보다는 '아프네? 보건실에 가야겠다.' 하며 보건실에 가는 식으로 보건실에 대한 진입장벽은 상대적으로 낮다. 그럼 우리는 학생들을 잘 들여다보며 학생들이 보내는 SOS 신호에 주파수를 잘 맞추어야 한다. 그렇기 위해서는 우리는 다정한 사람이 되면 좋을 것이다. 학생들이 학교 안에서 자신이 힘들 때 갈 수 있는 곳이 여러 곳이 있었으면 좋겠다. 그중 하나가 보건실일 것이다. 다정하다는 것은 어쩌면 어리석어 보일 수 있다. 그러나 모두에게 다정하게 대하는 것이 어쩌면 삶의 본질이 아닐지 하는 생각이 든다.

그렇다면 어떻게 함께 일할 수 있을까? 먼저는 내가 함께 일하는 상대에 대해 알아야 한다. 보건교사의 일을 하다보면 담임교사의 협조가 필요한 상황이 많다. 담임교사의 이야기를 들어보자. 담임교사의 이야기를 듣다보면 담임교사만의 고충을 알게 된다. 나에게는 학교 행정실에서 일하고 있는 친구가 있다. 그 친구를 통해 또 그들만의 고충을 알게 된다. 임용된 첫 해의 내가 속한 부서의 부장과 관계가 잘 형성되어 있어 그분이 이런 저런 이야기를 많이 들려주었다. 그러다보니 '부장'이라는 위치의 고충과 학교가 돌아가는 상황을 알게 된다. 초등학교 교사, 중학교 교사, 교과교사, 연차가 적고 연차가 많은 교사 등 내가 이야기를 들을 수 있었던 사례는 참 많았다. 이러한 경험이 누적되다 보니 사고의 스펙트럼이 넓어질 수 있었다. 그러면 나는 업무 협조를 구할 때 다정함을 가지고 대할 수 있게 된다. 혹 누군가는 '내 일 하기도 벅찬데 왜 우리가 상대까지 신경을 쓰나요!'라고 말할 수도 있다. 커뮤니티를 보다 보면 상부기관에서 우리가 일하는 현장을 배려하지 못한 업무 지시가 내려올 때 불만을 토로하는 글을 볼 수 있다. 우리도 마찬가지로 그렇게 하고 있지는 않을까?

그래서 나는 내가 함께 일하는 상대의 업무 세계를 조금이라도 고려하는 태도를 가지려고 노력한다. 좀 더 상대의 입장을 생각해 보는 것이다. 몇 가지 사소한 예를 들어보자면, 고등학생의 경우 2,3학년 학생들은 시력검사를 학교에서 측정한다. 측정하는 주체나 시간에 대해서는 학교마다 조금씩 다를 것이다. 우리 학교는 창체시간에 해당 교과교사가 각 반에서 시력검사를 측정하는 편이다. 시력검사에 대한 계획서를 수립하며 그 안에 측정방법에 대해서도 적어둔다. 그 계획서를 공유하기도 하지만, 사실 계획서를 열어 몇 페이지를 훑어보며 숙지하기에는 어려울 것 같다는 생각이 든다. 그래서 시력검사 측정 플로우를 한눈에 볼 수 있도록 A4 한 페이지 분량으로 만들어서 그것을 메신저로 함께 안내하고, 시력검사 물품을 배부할 때 한 장씩 인쇄해서 함께 제공한다. 물론 경력이 많아서 그러한 매뉴얼을 보지 않아도 손쉽게 시력검사를 하시는 교사도 있다. 그러나 한 명이라도 시력검사를 측정해 본 적이 없었던 교사도 있을 것이라는 생각이 든다. 그렇다면 경험이 없어 무척이나 어려우실 때 내가 만든 매뉴얼을 보신다면 도움을 받을 수 있을 것이라는 생각에 하게 됐다. 나도 처음부터 자세하게 매뉴얼을 만든 것은 아니었다. 첫 해에는 '계획서 안에 자세하게 측정 방법 기술했으니 됐겠지'라고 생각했다. 그런데 당일에 한 번도 시력검사를 해본 적이 없다며 도움을 요청한 교사가 있었다. 그래서 그 이후로는 한 명에게라도 도움이 되기를 바라는 마음으로 시력검사 측정 도구와 매뉴얼을 함께 주고 있다.

어느 날 학생 한 명이 복통으로 보건실에 왔다. 사실 정말 많은 학생이 하루에 소화기계 문제로 많이 찾아오기에 이 학생도 그런 학생 중 한 명이라고 생각했다. 학생의 상태를 파악하는 중에 학생이 무언가 대답하기 꺼리는 지점을 느꼈다. 그냥 넘어가려다가 자세히 알아보다 보니 위클래스에 연결해야 할 학생이라는 판단이 됐다. 위클래스 선생님께 나중에 들어보니 그 학생은 내가 생각했던 것보다 더 심각한 상황이었다. 이날 우리가 이 학생의 심리적인 상황을 발견하지 못했다면, 정말 큰 일이 일어났을 수도 있었다. 학생의 작은 신호를 넘어갈 수도 있었는데 좀 더 자세히 들여다본 내 스스로를 잘했다고 격려했다. 그리고 일에서 나의 태도도 다시금 다짐했다. 보건실에 하루에도 수십 명의 학생이 오지만, '한 사람'에게 집중하기 그리고 한 사람의 필요에 민감하게 반응하기이다.

우리는 학생들과 함께한다. 우리의 업무에 있어 가장 주되며 가장 중요한 대상이다. 나는 학생들을 대하면서 내가 다정하게 대하고자 항상 되뇐다. 학생들의 신체적 고통은 자세히 들여다보면 때로는 심리적인 고통일 때가 많다. 나는 많게는 하루에도 여러 번 자해한 학생들을 만난다. 어른인 우리에게도 쉽지 않듯이 아이들은 자신이 아플 때 이 아픔의 기원이 신체적인지 심리적인지 깊이 있게 들여다보기 어려울 것으로 생각한다. 그러니 자신이 아플 때 '내가 지금 상담이 좀 필요한 것 같아' 하기보다는 '아프네? 보건실에 가야겠다.' 하며 보건실에 가는 식으로 보건실에 대한 진입장벽은 상대적으로 낮다. 그럼 우리는 학생들을 잘 들여다보며 학생들이 보내는 SOS 신호에 주파수를 잘 맞추어야 한다. 그렇기 위해서는 우리는 다정한 사람이 되면 좋을 것이다. 학생들이 학교 안에서 자신이 힘들 때 갈 수 있는 곳이 여러 곳이 있었으면 좋겠다. 그중 하나가 보건실일 것이다. 다정하다는 것은 어쩌면 어리석어 보일 수 있다. 그러나 모두에게 다정하게 대하는 것이 어쩌면 삶의 본질이 아닐지 하는 생각이 든다.

제4장
보건교사, 이제 책으로 말하자

나애정

학교 건강 문지기, 보건교사

월요일 아침이다. 잠자리에서 일어나기 전부터 나는 오늘 학교에서 해야 할 중요한 일들을 생각해 본다. 가장 바쁘고 정신없으나 중요한 시기이다. 이미 마음은 스탠바이 상태를 유지했다. 개학은 저번 주였다. 이제 새 학기를 맞아 보건 업무가 본격적으로 시작이다. 올해도 코로나 상황이 완전히 종료되기 전이라 코로나 관련 업무부터 점검 중이다. 그래도 많이 완화되었다. 코로나 확진자가 있어도 전파력은 그리 강하지 않다. 예전엔 확진자와 접촉한 접촉자까지 관리했어야 했지만, 지금은 확진자 중심 관리로 돌아섰다. 평상시에는 예방 관리에 신경 쓰면 된다. 코로나는 끝나가지만, 지금까지도 코로나19는 최대의 관심사이다. 학교의 건강을 위협하는 감염병이 여전히, 우리, 보건교사의 관리대상 1호이다.

2020년 초부터 한국의 코로나 상황은 심각해졌다. 점점 시간이 지날수록 지리적으로 근접한 중국의 직접적인 영향을 받았다. 그 당시는 나는 필리핀 세부살이를 접고 아이들과 막 귀국한 시점이었다. 교직 생활 중 1회 할 수 있다는 자율 연수를 그해 할 수 있었지만 나는 귀국했다. 인간이 어떤 계획을 나름 꼼꼼하게 세웠어도 자연재해 앞에서는 부질없다. 큰일은 크게 생각해야겠다는 생각으로 나는 2020년을 시작했다. 그리고 자율 연수 동안 특별히 하는 일 없이 보내다가 1년 뒤 복직했다. 거의 4년 만의 복직. 복직하려 보니, 코로나는 여전히 끝나지 않았고, 학교의 건강을 지켜내야 한다는 부담감을 가지게 되었다. 그때, 복직을 앞두고 '내가 잘할 수 있을까?'라는 질문을 수도 없이 했었다. 정식 학기가 시작되는 3월 1일 전부터 출근해서 일을 시작했다. 인수인계 후에도 계속 출근했었다. 그동안 기간제 교사가 있었는데, 기존 오랫동안 있던 기간제 교사는 코로나 대응에 무리가 되었던지 건강상 이유로 그만두고 연세 많은 교사가 6개월간 근무를 섰었다. 거의 학생들 건강관리에만 전염했다고 주변 다른 교사가 알려주었다. 보건교사 일의 범위가 넓어 다양한 일들을 해야 하는데, 아이들의 처치 위주로 관리했기에 앞으로 보완해야 할 일들이 산재해 있다는 느낌을 받았다. 하지만, 그렇게 자리를 지켜준 것만으로 학교로서는 행운이라 생각한다. 코로나 상황이었고 더군다나 2학기였는데, 보건교사 구하는 것이 하늘의 별 따기였다.

간절한 마음만 있으면 모든 것은 어떻게서든 해결한다. 능력보다 중요한 것이 마음 자세이다. 아무리 능력이 있더라도 열정과 갈급함이 없다면 일 처리가 깨끗이 될 수 있을까? 의문을 가지게 된다. 푹 쉬고 새롭게 보건 업무를 하는 상황이었지만, 업무는 하나하나 순차적으로 해결되었고 안정을 찾아갔다. 학교의 건강 문지기는 보건교사, 바로 나라는 의식이 밑바탕에 든든히 있었기에 그 시간을 잘 넘길 수 있었다.

코로나19는 어느 정도 안정되어가고 있지만, 완전 종료 상황은 아니라 교육청 지원금은 여전히 유지되었다. 올 새 학기 가장 먼저 했던 방역 인력 관련 공문이 교육청으로부터 내려왔다. 항상 방학 기간에 새 학기의 급한 일들에 대한 공문이 미리 내려온다. 나는 고민했다. 이제 코로나도 거의 끝났는데, 굳이 방역 인력이 필요할까? 며칠을 생각했다. 보건교사 단톡방에 각 학교에서는 방역 인력을 채용하는지? 질문했다. 단톡방에서 답글을 보고 대략적인 관리 방법에 대한 상황을 파악할 수 있다. 대부분의 학교가 방역 인력이 이제 더는 필요하지 않다는 의견이 많았다. 이유는 다음과 같다.

첫째, 매일 아침 실시했던 학교 내 체온측정이 없어졌다.

방역 인력 요원들이 했던 업무 중의 하나가 아침 체온측정과 학생들 자가 진단 앱 체크 확인과 독려였었다. 교사들도 조를 짜서 아침에 이 일을 나누어서 했다. 체온측정은 직접 재는 것이 아니라 자동 측정기 앞을 학생들이 잘 통과하는지 확인하는 것이다. 어려움은 나누어야 줄어드는 법. 모든 학교 구성원들도 한마음 한뜻으로 코로나19 대응에 동참했다. 방역 인력 역할 중 중요한 부분이었던 체온측정 업무가 없어졌으니, 굳이 채용하지 않아도 된다는 다수의 의견이었다.

둘째, 급식실 칸막이도 철거할 수 있다.

급식실은 마스크를 벗고 식사를 하는 곳이다. 코로나19 전염 예방에 혁혁한 공을 한 마스크. 이 마스크를 벗고 존재하는 유일한 곳이 식사하는 급식실이었기에 칸막이 설치하여 최대한 감염을 예방하고자 노력해왔다. 방역 요원은 급식실 칸막이 소독에도 지원했다. 급식실에서 식사를 준비하는 여사님들의 고충을 나누기 위함이었다.

금일 17시 방역 인력 채용 면접 예정이다. 코로나 대응체계가 완화체계로 전환되었지만, 학교에서는 방역 인력을 채용하기로 했다. 보건은 새로운 감염병이 창궐할 때마다 업무들이 기존업무만큼이나 혹은 배 이상으로 증가한다. 보건교사들이 하나둘 건강에 적신호가 켜지기는 시점이다. 그래서 거의 완화 분위기에서는 기존업무에만 충실히 하고자 하는 마음이 크다. 사실, 그렇게 해도 무방하다. 하지만, 학교 건강관리의 중요성이 큰 만큼 방역 인력을 여전히 작년과 같이 채용하기로 했다. 물론, 관리자의 적극적인 마음을 반영한 것이기도 하다. 채용 면접은 매뉴얼대로 진행될 예정이다. 공고 기간은 7일이고 절차는 필요한 서류를 신청받아 먼저 확인하고 대면 면접을 한다. 방역 인력을 채용하지 않는 학교가 많기에 아마도 면접을 봐야 할 인원이 많아지지 않을까 예측해본다. 그래도 모든 면접자에게는 채용의 기회를 평등하게 주어야 한다. 코로나19 여파로 사회적인 경제 상태가 둔화했다. 가정경제상황도 여파를 받았다. 그래서 한시적 일터이지만 지원자는 많다. 그들에게 학교 방역이 조금이나마 도움이 될 수 있다는 자체도 기꺼이 방역 인력을 채용하는 이유로 생각한다. 아무쪼록, 학교 건강관리를 위해 마음으로 일할 수 있는 적합한 사람을 채용하는 운이 학교에 주어지길 기원해본다.

보건교사는 학교 건강을 지키는 문지기이다. 문지기란 문을 통해서 드나드는 모든 것을 관리한다는 의미일 것이다. 학교의 건강지킴이인 보건교사. 학교의 건강 문지기로서 가장 촉각을 세워야 할 질환이 바로 감염병이다. 감염병을 일으키는 세균과 바이러스는 학교 전체를 초토화할 수 있다. 아이들의 학습권을 잃게 하고 삶에서 가장 중요한 평생 건강을 위협한다. 건강만큼 중요한 것은 없다. 건강을 잃으면 모든 것을 잃는다는 사실은 누구나 알고 있다. 그렇기에 보건교사는 더욱 막중한 책임감을 느낀다. 언제 어느 때든 감염병은 학교의 건강을 위험에 빠트릴 수 있기에 학교 상황뿐만 아니라 사회적 상황, 국제적 상황까지 예의주시한다. 보건 일은 시켜서 하는 일이 아니다. 보이기 위해서도 일하지 않는다. 전문가로서 최선을 다해 학교 건강을 위해 보건교사는 고민하고 또 고민한다. 글로벌한 세상에서 감염병은 앞으로도 꾸준히 출몰할 것이다. 그 시기와 경로, 지역은 미정이지만 계속 발생했다가 사라지는 것은 명확하다. 학교 내에서 일어나는 소소한 개인적인 건강관리도 중요하다. 갑자기 발생한 응급상황 대응이 어쩌면 평상시 보건교사의 존재 이유이다. 하지만 개인적인 건강관리, 응급 관리 이상으로 중요한 것이 어쩌면 다수의 건강에 순식간에 영향을 미칠 수 있는 감염병의 관리이다. 오늘도 보건교사는 감염병 관리를 위해 학교 문 앞을 굳건히 지킬 것임을 의심하지 않는다.

보건교사의 마음은 누가 care 하나?

새 학기 준비를 위해 학교에서는 3월이 시작되기 전, 2월 말쯤 교직원 연수를 진행한다. 학교마다 연수 시간은 다른데, 현재 내가 소속된 학교는 이틀간 진행되었다. 주최부서는 교무부이다. 교무부장은 연수를 위해 1년 동안 원활한 학교 운영을 위해 필요한 모든 내용을 수록하여 연수 집을 소책자로 만들었다. 각 부서에서 받은 내용을 하나의 소책자로 만들어 연수 유인물로 인쇄하여 배포했다. 교사들의 관심이 가장 큰 내용은 업무분장표이다. 작년과 변화는 없는지, 잘못 입력된 것은 없는지 확인한다. 부서 간의 조정 없이 일방적으로 업무분장을 변경하는 경우는 없지만, 그래도 가장 민감한 부분이고 또 1년 동안 교사들이 해야 할 업무이기 때문에 유심히 관찰한다. 나도 4년 만에 복직하고 나서 기존업무 중의 하나를 변경 제안해서 여러 번의 회의를 통해 업무분장을 수정했다.

그런데, 담당부서의 인수인계가 잘 안 되어 변동사항을 반영하지 않고 원래 그대로 연수 유인물이 제작되어 당황했었다. 새롭게 가슴이 콩닥거리는 상황이었다. 그래도 담담하게 반영할 것을 요구하는 메시지를 담당자에게 보냈다. 그렇게 해서 연수 유인물은 이미 책자로 나왔기 때문에 어쩔 수 없지만 새롭게 새 학기 메신저로 보낸 내용은 반영된 상태였다. 담당자는 "연수 때 자료의 실수가 있어서 최종본을 다시 보내드립니다." 라는 메시지와 함께 정정한 업무분장표를 전체 메시지로 보냈다. 사람이 하는 일이고, 또 인수인계를 받는 과정 중에 실수가 있을 수 있음을 사람들은 이해하기에 크게 문제가 되지 않는다. 그렇게 업무조정이 무사히 마무리되었다. 합리적으로 조정된 업무는 자연스럽게 정착되기에 여러 고비가 있다. 그 과정에서 보건교사는 외로운 마음을 느낀다. 누구 하나 보건 업무를 자세히 모르기 때문에 혼자라는 느낌이다. 그래도 부정적인 면보다는 좋은 면을 더 많이 보려고 노력하고, 기분 좋게 일하기 위해 스스로 용기를 다시 낸다.

"선생님, 동명이인 아이가 있는데 초, 중 건강기록부 내용이 바뀌었어요."

3학년 학년 부장의 다급한 전화가 왔다. "무슨 소리?" 생전 처음 듣는 문제상황을 듣고 황당한 심정이었다. 보건교사로 20년 이상 근무를 섰지만 이런 경우는 처음이다. 사실, 이 문제도 고3 졸업생에게 건강기록부 출력분을 배부하면서 인지하게 되었다. 보통, 졸업할 때, 건강기록부를 배부하는데, 사실, 학생들은 건강기록부에는 크게 관심이 없다. 해외에 유학하는 학생일 경우, 초등학교 때 예방접종 기록이나 기타 자료가 필요하면 학교 방문하여 자료를 받으면 된다. 하지만, 동명이인 학생들은 우연히 자신의 건강기록부가 바뀐 것을 알게 되었고 담임교사에게 이 사실을 이야기했다. 수정이 필요한 상황이다. 이런 상황에서는 학적 마무리까지 못 한다. 이런 경우가 처음이기에 나는 어떻게 어디서부터 손을 대야 할지 난감했다. 보건교사는 이런 문제상황에서 정말 혼자서 해결해야 한다는 다급한 마음이 든다. 부서원이 있다면 상의라도 할 수 있고 아이디어라도 공유하여 해결법을 찾을 텐데, 보건교사는 혼자기에 그것이 안 된다. 건강기록부의 문제이지만 전산상의 이해력도 필요한데, 건강기록부 관련 내용이기 때문에 보건교사가 이일을 해결해야 한다고 사람들은 생각할 수 있다. 중대한 일인 만큼, 교무부서에서도 나서서 노력했지만 '결국 보건교사가 해야 하지 않나?' 하는 마음을 내비쳤다. 기존의 하는 일이라면 경험치가 있기에 스스로 아이디어를 얻을 수 있다. 하지만, 처음 겪는 문제이기에 경험치도 없다. 이런 대형 문제들에 맞닥뜨렸을 때, 스트레스 수치는 하늘 높은 줄 모르고 치솟는다. 그 기간은 또 방학 기간이었다. 방학을 시작하면서 발견된 문제이기에 다른 부서 교사 간의 소통이 원활하지 않다. 악조건이 겹친 것이다. '또 다른 시련이 닥쳤구나'라는 위기감이 생겼다. 이 상황을 어떻게 헤쳐나갈 것인가? 전산상의 문제에 대한 두려움을 가진 사람으로서 몇 날 며칠을 '동명이인 건강기록부 교체'란 문구가 머릿속에서 떠나지 않았다.

　사람의 능력치는 스스로 가늠할 수가 없다. 문제상황에서 밑바닥에 잠재되어 있던 해결 능력이 발동한다. 우린 때때로 이 부분을 인지하지 못한다. 내가 할 수 있을 것 같은 일들만 도전한다. 내가 할 수 있을 것 같은 일만 하려 한다. 스스로 한계를 긋는 것이다. 잠재되어 있던 능력이 위기 상황이나 해야 할 상황에서는 발휘된다는 사실을 보통은 생각하지 못한다. 지금의 능력은 이만큼이라면 집중적으로 생각해서 해결할 수 있는 능력치는 그것의 10배 이상은 된다고 나는 말하고 싶다. 그러니, 도전의 기준은 내가 할 수 있는 일이 기준이 되는 것이 아니라 가치 있는 일이 기준이 되어야 한다. 비록, 지금은 못 할 것 같은 느낌이 들더라도 누구나 잠재능력은 갖추고 있고 그것을 믿고 시도해야 한다. 중요한 문제들이나 가치 있는 일들에 과감히 도전해야 한다. 동명이인 건강기록부 교체문제를 해결하면서 또 한 번 그 사실을 느꼈다.

　동명이인 건강기록부 교체 해결법은 생각 외로 아주 간단했다. 나이스의 건강기록부 탭에 들어가서 〈건강기록부 전송〉 탭을 눌러 들어간다. 그러면 학생에 대해서 등록하는 부분이 있다. 등록 부분에 학생의 중학교 졸업 학교를 입력하고 건강기록부 요청을 한 후에 진행이 완료된 것을 확인하고 현재 건강기록부에 반영하면 된다. 반영 버튼을 누르는 순간, 동명이인 학생의 중학교 자료가 원래대로 제자리를 찾게 된다. 중학교 전 기록인 초등학교의 기록을 확인할 필요도 있어서 학생에게 간단히 질문해서 확인할 수 있다. 아니면 학교에 직접 전화해서 확인할 수도 있는데, 이 방법은 조금 더 복잡할 것 같다. 나이스 시스템이 이런 문제상황에서 그 위력을 발휘한다. 머리로는 도저히 해결되지 않던 문제가 나이스 시스템으로 인해, 간단히 해결되어 안도의 한숨을 쉴 수 있었다.

힘든 일이 있을 때마다 보건교사는 혼자라는 생각 때문에 외로워진다. 마음의 병이 생길 정도이다. 학교 내에서 누군가에게 업무로 인한 속내를 다 드러낼 수가 없다. 어차피, 그 사람들도 보건 업무를 잘 모르기는 마찬가지이기 때문이다. 학교 밖의 보건 교사에게 상의할 수도 있지만, 학교마다 상황들이 너무나 다르기에 결국, 내 학교 일은 나 스스로 결정을 내려야 한다. 이런 면에서 보건교사가 되면 혼자서 성장하는 법을 터득하게 된다. 보건교사의 좋은 면이지만 성장하기 위해 외로움, 아픔이란 대가를 치러야 한다. 시간이 지날수록 보건교사는 마음이 단단해진다. 간혹, 부작용으로 상처받은 마음, 외로운 마음이 남을 수 있지만 그래도 치유의 기회는 많다고 본다. 자신만의 치유 방법을 하나씩 가질 수 있도록 노력해야 한다. 누군가는 아침마다 독서를 하면서 힐링의 시간을 가지고 그 누군가는 몸을 움직여 마음에 쌓인 감정의 찌꺼기, 깊은 상처의 흔적들을 care 한다. care 하는 일이 주 업무인 보건교사는 다른 사람뿐 아니라 자기 자신도 스스로 care 할 수 있어야 한다는 결론이다. 보건교사가 건강을 잃어버리면 학교 구성원들의 건강관리 또한 힘들어진다. 다른 사람의 건강을 책임지는 위치에 있는 보건교사는 자신의 건강부터 챙겨야 한다.

'보건교사의 마음은 누가 care 하나?' 보건 업무가 주로 혼자서 하는 일이기에 보건교사는 가끔 자문한다. 보건교사는 일당백의 마음으로 학교의 건강을 지켜야 한다. 건강관리 전문가로서 학교 내에서 보건 업무를 속속들이 상의할 사람은 없다. 문제상황에서 스스로 방법을 찾아 해결해야 한다. 기존의 하던 일이라면 크게 문제가 되지 않는다. 새로운 업무, 새로운 문제들이 발생했을 때가 어렵다. 그럴 때라도 사람은 잠재된 능력치가 있음을 인지하고 해결해보겠다는 열정을 발휘한다면 첫날은 정신적 혼란일지라도 하루, 이틀 시간이 지날수록 해결의 실마리를 찾게 될 것이다. 이 과정에서 보건교사는 많이 외로움을 느낄 수는 있다. 의욕도 떨어지고 우울감이 찾아온다. 혼자라는 느낌이 업무의 능력을 떨어뜨리게 한다. 하지만 명확하게 보면 혼자는 아니다. 눈으로 드러나지 않은 보건교사의 조력자들은 주변에 많다. 문제 해결하는 과정이 힘들게 느껴지겠지만 이것 또한 성장의 과정으로 생각한다면 긍정적으로 바라볼 수 있다. 설사, 해결하지 못한다고 하더라도 이차적 도움의 손길은 분명히 있다. 내 건강은 내가 지키고, 내 마음의 care도 스스로 한다고 생각해 보자. 그런 마음의 태도로 일한다면, 마음은 더욱 강해지고 다양한 경험과 노하우를 겸비한 전문적 역량을 갖춘 보건교사로 성장해나갈 것이다.

화내서 해결될 일은 없다

살다 보면 화가 날 때가 있다. 감정조절이 잘되지 않는다. 화를 내는 자신을 제삼자가 되어 관찰한다면 조금은 지혜롭게 '화'라는 감정에서 벗어날 수 있다. 하지만 쉽지 않다. 집에서나 직장에서 화를 냄으로써 그 피해를 고스란히 자기 자신이 되받는다. 그것을 알면서도 화를 관리하는 것은 어렵다. 보건실에서 간혹 학생으로 인해 감정이 격해질 때가 있다. 보건실을 꼭 필요해서 이용하는 것이 아니라 공부가 하기 싫다거나, 소소한 개인적인 이득을 위해 습관적으로 악용하는 경우다. 분명히 쉬어야 할 정도가 아니라는 것을 안색으로 확인할 수 있는데도 아픈 흉내를 내며 반복적으로 침상 안정을 하겠다고 찾아온다. "꾀병"도 병이니, 그래 처음에는 여러 번 받아주었지만, 점점 거짓말하는 횟수가 잦아지곤 한다. 이럴 때도 참아야 하지만 급기야 학생에게 정신교육을 한다. 감정적으로 대하는 듯하니 학생은 자신의 잘못을 인정하지 않는다. 훈육의 시간이 의미 없이 헛고생으로 끝난다.

"살다 보면 어려운 일들이 반드시 생긴다. 그럴 때일수록 뒤로 물러서지 말고 인내하고 극복해야 한다. 그러다 보면, 분명 깨닫고 배우는 것이 있다. 절대 피하지 말아라."

학생에게 내 자식에게 하는 말처럼 정성 들여 조언했지만 별 소용이 없다. 어른들에게 반감이 있는지, 아예, 귀를 닫았다. 은근히 화가 올라온다. 좌절감도 느낀다. 하지만 고민한다. '저 학생들을 어떻게 챙겨야 할까?' 생각한다. 한 아이를 키우기 위해 온 마을이 노력해야 한다고 했는데, 비록, 담임은 아니고 직접 가르치는 교사도 아니지만, 학생들이 건전한 생각을 가지고 바른길로 갈 수 있도록 지도해야 한다는 마음으로 보건교사도 화를 누른다.

코로나 상황에서는 새롭게 추가된 보건 업무들이 많았다. 소소한 일에서부터 큰일에 이르기까지 배 이상은 늘었다. 기존 보건 업무는 아예 뒤로 하고 코로나 대응을 가장 우선으로 일을 했다. 이제 코로나19 상황도 많이 좋아졌고 새 학기가 되면서 방역지침이 거의 삭제되거나 완화되었다. 천만다행이라 생각한다. 감염병은 계속 발생할 수 있다는 경각심을 가지고 이제 거의 마무리 되어가는 코로나19에 안녕의 인사를 보내고 있다. 한참 코로나19가 기성을 부릴 때였다. 예방접종을 전 연령층에서 너도나도 맞고 있을 때, 나는 각반의 예방접종 완료 상태를 확인하기 위해 담임교사에게 메시지를 보냈다. 예방접종이 확실히 학교 내 구성원들의 코로나19 감염률을 낮추고 있다고 판단했기에 학교의 건강관리를 위해 반별 예방접종 상황을 파악해주길 요청했었다. 하지만 메시지를 전달하자마자 득달같이 화를 내면서 전화를 한 교사가 있었다.

"선생님, 담임교사가 얼마나 바쁜 줄 아세요? 그런 것까지 일일이 조사해야 하나요?"

무심히 전화를 받은 나는 생각지도 않은 상황에 당황스러웠다. 상대편 교사는 격앙된 목소리로 말했다. 나는 생각했다. "학교 건강관리를 위한 목적인데, 저렇게까지 화를 내야 할까? 보건교사는 한가해서 그런 일을 하는가? 코로나19 상황에서 가장 바쁘고 정신없는 사람은 오히려 보건교사가 아닐까?" 짧은 순간, 이해할 수 없는 상대방의 행동에 '이 사람, 교사가 맞나?' 하는 생각까지 했다. 더군다나, 그 교사는 일방적으로 속사포처럼 자기 할 말만 내뱉고 난 후, 체 5분도 지나지 않아 미안하다는 메시지를 보내왔다. 본인이 상처를 줘서 죄송하다는 내용이었다. 상처를 줬다고 표현하는 그 이면에 자신은 나에게 상처를 줄 수 있는 사람이란 전제가 깔린 듯하여 묘하게 더 불쾌해졌다. 사람은 특별한 상황이 되어 보면 그 사람의 참모습을 알 수 있다고 했다. 평상시에는 누구나 좋은 사람이다. 화를 낼 이유도 필요도 없다. 하지만, 특별하게 본인이 힘든 상황이 되면 그 사람의 진짜 모습이 드러나게 되어 있다. 어떤 작가는 이렇게 말했다. "사람에게 돈과 권력을 줘보면, 그 사람을 제대로 알 수 있다." 맞는 말이다. 일반교사일 때는 친절하고 배려심 강한 교사였다가 부장 교사가 되면 변하는 사람도 있었다. 부서의 총책임자라 어깨가 무겁지만, 그것이 하나의 권력이 되기도 한다. 부장 교사는 한편으로 부서의 행정업무를 지원하는 봉사하는 위치에 있다고도 할 수가 있는데 아쉬운 상황이었다.

교사는 학생들이 항상 지켜보고 있다는 것을 잊으면 안 된다. 부모를 항상 보고 있는 자식들처럼, 학생도 그렇다. 교사는 일거수일투족으로 학생들에게 배움을 전해주는 존재이다. 자신의 감정관리에 특별히 신경을 써야 한다. 교사가 감정 기복이 심하다면, 그 교사가 담임이라면 본인이 맡은 반 전체가 흔들리고 그 교사처럼 학생들의 감정 상태도 불안정해질 수 있다. 교사는 학생들을 위해 남다른 책임감을 느껴야 하고 항상 신중해야 한다. 설사 화가 나는 상황일지라도 자제할 수 있는 인내심을 보여야겠다. 그래야 학생들도 인내심을 배울 수 있다. 나는 화내는 그 교사를 보면서 너무나 안타까웠다. 교사도 사람이니 이런저런 일도 있을 수 있지만, 그 교사를 보면서 '화'는 표현하는 것보다는 관리해야 한다는 생각을 조심스럽게 하게 되었다.

화를 자주 내는 사람들의 특징을 2가지로 정리할 수 있다. 우선은 상대에 대한 존중감이 부족할 경우 '화'라는 감정에 매몰되어 표출하게 된다. 상대가 만만한 대상일 경우 자신의 감정을 거르지 않게 된다는 것이다. 중심을 잡지 못한다면 자신보다 힘이 약해 보이는 사람에게 부정적인 감정을 쏟아부을 수도 있다. 자신이 만약, 그런 경험이 있다면 나 자신을 먼저 돌아보아야겠다. 나 또한 마찬가지였다. 학교에서는 화를 내지 않고 이성적으로 일 처리를 하다가도 집안에서는 화가 나면 그대로 표출하게 된다. 가족이 너무 편안해서 그런 면도 있을 것 같은데, 소중한 사람일수록 나의 화로 인해 상처받지 않도록 조심해야겠다. 화내는 사람의 또 다른 특징은 자신이 틀릴 수 있다는 사실을 인지하지 못한다. 굉장히 위험한 생각이다. 사람은 신이 아니다. 지금 내가 하는 생각이나 행동이 틀릴 수 있다. 자신이 하는 생각과 행동이 확실히 맞다고 가정하는 순간 다른 주변 사람에게 화를 내게 된다. 새 학기가 되면 학교는 교사들이 바뀐다. 학교마다 업무 방법이 조금씩 달라, 새로 전입해 온 교사들은 적응해야 한다. 기존 교사들은 도움을 주고 점점 그 학교문화에 잘 어울리는 교사가 될 수 있도록 앞서 주어야 한다. 그런 가운데, 행복한 학교가 되고 학생도 교사도 행복해진다.

　화를 내는 순간, 상대방에게 '거부감'이란 부정적인 감정을 생기게 한다. '굉장히 무례하다.'라는 생각을 가지게끔 한다. 학교 일이라는 것은 서로 협조하지 않고 이루어지는 것은 거의 없다. 알게 모르게 모든 부서가 연결되어 있고 내가 하는 일들이 나비효과처럼 다른 부서, 다른 사람에게 영향을 준다. 역시, 다른 사람의 일 처리가 결국 나에게도 영향이 온다. 긴밀하게 연결되어 있기에 부정적인 감정으로는 일을 원활하게 해낼 수가 없다. 화를 내는 사람하고 부정적인 감정 속에서 일하고 싶지 않기 때문에 일은 자꾸 지연되고 상호 간에 피곤하게 된다. 성과도 없이 에너지만 빠지는 상황이 되는 것이다.

화를 내서 해결되는 일은 없다. 보건 일은 특별히, 전체 구성원을 대상으로 일을 하는 경우가 많다. 바뀐 법에 따라 이틀 전에는 전 교직원 잠복 결핵 검사를 학교 내에서 실시했다. 혈액검사로서 진행하는데, 90명이 검사를 받아야 한다. 걱정과 달리, 단 2시간 만에 2명을 제외하고 전원 검사를 마쳤다. 교직원들의 적극적인 협조가 없었다면 불가능한 일이다. 이렇게 다수를 대상으로 하는 일들이 보건 업무에는 대부분이다. 보건 업무뿐 아니라 다른 부서 일도 그럴 것이다. 이런 상황에서 내 의도대로 진행이 안 된다거나 협조가 원활하지 않다고 화를 낸다면 화를 내는 순간 일은 틀어질 가능성이 크다. 주최 측에서는 부정적인 '화'라는 감정을 잘 관리하고 끝까지 일이 잘 마무리될 수 있도록 해야겠다. '화'의 감정은 상대방이 무시당했다는 불쾌감을 느끼게 할 수 있다. 절대 화를 내서는 안 되는 이유이다. 순리대로 일은 진행해야겠다. 결과가 아무리 좋다고 하더라도 그 과정이 매끄럽지 못하다면 인정은 고사하고 앞으로의 직장 생활에 걸림돌이 될지 모른다. 가장 중요한 사실은 단, 한 사람이라도 상처를 받지 않도록 일해야 한다는 것이다. 누군가 상처를 받았다면 그 일은 실패한 것이다. 얻는 것보다 잃는 것이 많다. 보건 업무를 할 때 특히, 명심해야겠다. 화를 내서 해결될 일은 세상에 없다는 사실을 마음에 새기길 바란다.

자기중심적 사고에서 벗어나라

보건교사의 업무 의욕을 가장 떨어뜨리는 것이 아마도 '교사 다면평가' 이지 않을까 싶다. 다면평가, 해마다 한 번씩 하는 이 평가로 보건교사는 상대적 박탈감을 느낀다. 지금은 그나마 나아졌다. 비교과끼리 교육청에 서 평가하고 있기 때문이다. 내가 휴직하기 전, 아마도 2017년 전에는 보 건교사는 일반교사와 함께 평가를 받았다. 그렇기에 하는 일은 달랐지 만, 일반교사의 업무가 보건교사의 평가기준안이 되었고 보건교사는 제 대로 평가를 받지 못하는 불공평함이 발생했다. 보건교사는 마음의 상처 를 삭여야 했다. 만약, 학생을 대상으로 하는 평가라고 생각해 보자. 학생 에게 영어 테스트를 한다고 하면서 수학 문제를 풀게 한다면 학생은 황 당할 것이다. 영어 실력을 어떻게 수학 실력으로 알 수 있겠는가? 보건교 사의 다면평가는 이와 비슷했다. 업무에 맞는 평가기준안을 정해서 공정하게 평가해야 함이 당연함에도 불공정한 평가를 한동안 실시했다. 소수인 보건교사는 이에 대해서 의견을 낼 기회도 거의 없었고 용기를 내기도 쉽지 않았다. 비교과 다면평가위원이 있긴 했지만 별 의미가 없었다. 이런 불공평함 대해서 언급하면, 특별한 보건교사, 자기만 아는 보건교사란 이미지로 인식되기 일쑤였다. 쉽게 말로 표현도 하지 못하고 가슴앓이를 한다. 그래서, "다면평가"의 단어만 들어도 일하는 데까지 지장을 받을 만큼 자괴감을 호소하는 보건교사가 많았다.

'교사 다면평가'에 대한 기억은 나 역시, 마음속에서도 상처로 자리 잡았다. 차라리 성과 상여금이 없어도 좋으니 다면평가가 없었으면 일하는 데 더 도움이 되겠다고 생각했다. 돈보다 중요한 것이 사람이고 조직의 분위기란 생각에서였다. 하지만, 국가 차원에서 시행되고 있는 '교사 다면평가'를 나라의 녹을 먹고 사는 공무원이 거부할 수는 없다. 새 학기부터 다면평가 기준안에 대한 의견수렴이 있었다. 해마다 하는 절차였다. 교무부에서는 어쩌면 가장 민감한 이 사안을 일찍부터 시간을 두고 정비하고자 했을 것이다. 교내 메신저로 전달된 수정된 평가기준안은 작년에는 교과와 비교과를 따로 평가하였는데, 올해는 함께 합쳐서 보냈다. 당연히 교과 위주의 평가안이었다. 비교과는 수업이란 평가항목에 평균 점수를 준다는 표시뿐이었고 다른 항목에 대해서는 아예 배제되었다. 이것은 교과교사를 위한 평가안이었다. 그 평가안을 보는 순간, 가슴이 쿵쾅

거리기 시작했다. 아니, 어떻게 이런 평가안을 전체메신저로 뿌릴 수 있는지 의아했다. '작년과 다르게 평가안을 바꾸고자 한다면 초안을 만들기 전부터 교과, 비교과의 의견수렴을 해야 하는 것이 아닌가?' 하는 생각이 들었다. 하지만 이미 초안은 전체에 뿌려진 상태이다. 어쩔 수 없는 상황. 다면평가로 불이익을 항상 감수해야 했던 과거 일들이 다시 마음속에서 들끓어 올랐다. 크게 생각하면 어쩌면 별것 아닌 일인데, 사적으로 생각하면 정말 억울하기까지 한 일이기에 매번 감정을 다스려야 했다. 비교과 교사의 이런 감정들을 교과교사나 관리자는 한 번쯤 생각해 봤을까 하는 궁금점이 생겼다.

비교과 교사와 교과교사는 엄연히 다른 업무를 하고 있기에 평가 기준도 달라야 한다. 교과는 수업이 주 업무이고 비교과는 비교과의 고유 업무가 따로 있다. 보건은 학교의 건강에 관련된 일을 한다. 건강 유지, 증진, 응급대응, 감염병 관리, 기타 업무를 하고 있고 상담은 학교 내 구성원들의 정신적 건강을 위한 업무, 영양 교사는 매일 맛난 음식을 제공하고 그와 관련된 복잡하고 다양한 업무들을 한다. 전문적인 업무이기에 나 자신도 보건 외의 상담이나 영양의 일들을 자세히는 속속들이 모른다. 하지만, 학교가 무리 없이 운영되기 위해서는 비교과의 역할이 중요하다. 그런데 이런 부분을 간과하고 오로지 수업하는 교사들을 기준으로 평가안을 만든다는 것은 당연하게 수정, 보완되어야 한다. 평가란 것이 무엇인가? 그 사람과 관련 없는 평가항목을 가지고 그 대상을 평가할 수 있는 것인가? 평가에 있어서 전문기관이라고 할 수 있는 학교에서 이런 불합리한 평가안은 조정되어야 하겠다. 다른 조직도 아니고 가장 공정하게 평가해야 할 학교에서 가장 불공정한 평가안을 만들어 그 누군가를 평가한다는 자체는 부끄러운 일이 아닐까 생각해 본다.

보건교사는 학교에서 소수이다. 거대학교를 제외한 대부분의 학교에서는 보건교사가 1명이다. 학교에 1명이기에 목소리를 내기가 조심스럽다. 옆에 보건 계원이라도 1명 더 있다면 어땠을까? 생각을 종종 한다. 답답한 심정을 서로 이야기는 할 수 있지 않을까? 이야기라도 하면 마음의 답답함은 줄어들 것이다. 사실, 보건 업무는 다른 교사가 이해하기가 좀 어려운 면이 있다. 전문적인 영역이기 때문이다. 잠시 쉬고 싶어도 보건실에서 쉬는 것은 불가능하다. 아예 쉬는 것을 포기하는 것이 마음 편하다. 1시간 휴식을 보장하는 일반 직장과 비교해 보건교사는 퇴근할 때까지 언제든 발생하는 응급대응을 위해 긴장 상태이다. 보건실에서 쉬지 않냐고 쉽게 말하는 사람도 있는데, 그 일터를 떠나지 않으면 제대로 쉬는 것이 아니란 것을 직장인이라면 쉽게 알 것이다. 보건, 직접 해보지 않고는 그 업무를 알 수 없다. 해봐야 그것을 알게 되고 알게 되어야 이해하게 된다. 학교에서 그 누구도 보건 업무를 속속들이 잘 모르니, 보건 업무에 대한 이해도도 떨어진다. 그래서 말도 안 되는 다면평가 안을 제시하는 경우가 일선 학교에서 발생한다. 소수인 비교과의 불합리한 평가기준안을 보완하기 위해 지역교육청에서 비교과의 점수를 취합하여 비교과끼리 지역교육청에서 평가한다고 공문으로 하달하였음에도 불구하고 교과 중심의 평가기준안으로 비교과를 평가해서 그 점수를 교육청으로 올리고 있다. 다수가 소수에게 사회적, 경제적, 심리적 폭력을 행사하는 것과 같다. 이것은 바뀌어야 할 부분이다.

다면평가에 관해서 이야기하면 흥분하게 된다. 마음에 화가 쌓여 뿜어져 나온다. 가만히 나의 화를 들여다보았다. 나 개인에 너무 집중하고 있었다는 사실을 발견했다. 나 개인의 일이 아닌 보건교사 전체의 일임에도 개인의 감정에 매몰되어 문제를 해결하려 했다. 그러므로 화에 눌려 제대로 제안도 하지 못했다. 자기중심적 사고에 빠져있을 때, 문제에만 집중하게 되고 해결점에서는 점점 멀어지게 된다. 교과 중심의 다면평가 기준안으로 비교과까지 평가한다고 했을 때, 나는 좀 더 거시적으로 생각했다. 나 자신을 제외했다. 제삼자의 관점에서 이 문제를 다시 바라보았다. 그랬더니, 실마리가 보였다. 다른 비교과 교사에게도 나의 해결법을 공유했다. 교과 중심 다면평가 안을 비교과에 적용하려는 임시 안의 가장 큰 문제는 비교과의 업무를 인정하지 않는다는 것이다. 학교에서 소수이지만 학교 운영에 지대한 영향을 미칠 수 있는 그 역할과 업무의 가치를 다시 부각하는 분위기를 조성한다면 쉽게 해결이 될 것으로 판단했다. 그리고 비교과 다면평가 시스템을 제대로 이해한다면 이 또한 새로운 다면 평가안을 세울 것이란 확신이 들었다. 그래서 세 명의 비교과 선생님과 함께, 이런 목적의 제안서를 제출할 수 있었다. 결국, 비교과 교사들의 마음이 진정성 있게 전달되어 비교과 평가안이 새롭게 만들어졌다. 평가안은 합친 상태이지만 비교과와 관련된 평가항목에는 후한 점수를 주는 것으로 추가로 표시하여 평가안을 재정비했다. 기존 평가안보다 파격적인 변화였다. 비교과 존재에 대한 인식의 변화가 문제 해결의 핵심이었다. 소통 또한 중요했다. 스스로 좌절하지 않고 포기하지 않으면 긍정적인 결과를 얻는다.

보건교사는 '학교 건강 유지'라는 막중한 책임감을 느끼며 일한다. 잠시도 이것에 대해서 잊는 보건교사는 아마도 없을 것이다. 언제 어느 때든 응급상황이 발생할 수 있기에 항상 대기하는 마음 자세이다. 감염병이 창궐한 시기에는 퇴근한 후에도 보건교사의 일은 끝나지 않았다. 119 요원처럼 24시간 긴장과 대기상태를 유지했다. 하지만, 인간인지라 보건교사도 때론 열심히 노력했지만, 인정도 대우도 받지 못한 것에 서운함과 자괴의 감정을 느낀다. 부정적인 감정 때문에 중심을 잃고 휘청거린다. 그럴 때일수록 보건교사는 자기중심적 사고에서 벗어나려 노력해야겠다. 혼자서 800명, 1,000명을 대하는 보건교사가 부정적 감정에 빠진다면 학교의 건강은 누가 지키겠는가? 학교 안에서 일어나는 불합리하고 불공정한 일들은 어쩌면 학교 건강 유지보다는 중요하지 않을 수 있으니, 큰 의미 없이 생각해야 한다. 그렇게 거시적으로 문제를 본다면 해답은 의외로 쉽게 얻고 해결된다. 자기중심적 생각에서 벗어나는 내공이 깊어질수록, 학교 건강을 더 잘 지키는 능력 있고 스스로 만족하는 보건교사가 되리라 생각해 본다. 보건교사의 노고, 사람들은 다 알고 있다. 그리고 인정한다. 가끔 화나는 일들이 있더라도 보건교사 역할의 중요성을 모르는 사람이 없으니 꿋꿋이 우리는 우리의 길을 가면 될 것이다.

보건교사가 보람을 느낄 때

석가탄신일을 포함해 3일 연휴가 지나가고 있다. 직장 다니면서 중간중간 단비 같은 연휴가 삶의 활력이고 행복이다. 이 휴식 기간에 특별한 이벤트를 가진 것은 아니다. 주로 가족들과 외식을 하면서 이제 본격적으로 공부를 시작해야 하는 중학생 아이들의 공부를 봐주고 있다. 외식이 특별한 이벤트라면 이벤트이다. 얼마 전에 알게 된 일본식 프랜차이즈 쌀국수 식당에 아들과 함께 갔었다. 딸은 집에 들어오면 다시 나가는 것을 싫어해 아들하고만 갔다. 면 종류는 가리지 않고 다 좋아하는 아들에게 특별한 선물이 되었다. 이 쌀국숫집은 일본식이었다. 들어가는 입구에서부터 사진으로 된 메뉴판을 보고 먹을 것을 선택하고 바로 옆 키오스크에서 계산한 후 번호를 받아 식당으로 입장한다. 마주 보는 테이

블은 그곳에 없다. 긴 주방 둘레를 따라 긴 테이블과 일인용 의자가 놓여 있다. 바를 연상하는 구조였다. 앉아서 번호표를 제시하고 기다리면 주문한 음식이 금방 나온다. 수저통도 귀엽다. 바로 앉으면 1인용 수저 서랍이 보인다. 수저를 내놓고 음식이 나오면 먹을 수 있다. 쌀국수 위에 고명으로 올려져 나오는 소고기나 숙주, 기타 부재료를 찍어 먹을 수 있는 각종 소스는 바로 위 선반에 놓여 있고 손을 뻗어 작은 종지에 취향대로 담아서 먹는다. 아들은 행복해했다. 더군다나 면은 양껏 보충이 가능해 한참 먹어도 뒤돌아서면 배고픈 아들에게는 안성맞춤 식당이다. 이곳뿐 아니라, 연휴 기간에, 다양한 식당을 방문했다. 맛집 찾아 외식했다. 다양하고 이색적인 식당 순회가 아들을 기분 좋게 했고 나 또한 기분이 좋고 보람 있었다.

보람이란 감정은 소소한 일상에서도 나온다. 가족들은 연휴 기간에 대단한 일을 하지 않아도 행복했고 충만한 감정을 가졌다. 직장에서도 이런 감정을 느낀다. 행복하고 충만함. 이것이 바로 보람을 느낄 때이다. 하루를 마치고 퇴근할 때쯤, 문득문득 이런 감정을 느끼곤 한다.

학교에서도 크고 작은 사건 사고들이 끊이지 않고 일어난다. 보건교사로서, 불시에 일어나는 가장 큰 사건이라고 한다면 심폐소생술을 해야 할 상황이 발생했을 때일 것이다. 일전에 체육 시간에 학생이 100m 달리기를 한 후 심장이 일시적으로 멈춘 사례가 있었다. 제 기능을 못 하는 심장을 되살리기 위해 급하게 체육 교사가 심폐소생술을 실시해서 다행히 목숨을 건졌다. 요즘 교직원들은 해마다 심폐소생술을 포함 응급처치 교육을 받는다. 이것은 성교육처럼 의무교육이다. 주관부서는 연구부에서 하기도 하고 보건실에서 하기도 한다. 해마다 교육을 받지만, 교사들은 해마다 생소함을 느낀다고 한다. 왜냐하면 해마다 하는 연수이기에 자주 하는 것 같고 잘 할 수 있을 것 같지만, 1년에 1회이므로 그렇게 익숙하지 않다. 그래도 그나마 응급상황이 되면 배운 대로 어떤 액션이라도 취할 수 있다. 이것이 중요하다. 평상시 배운 응급처치 교육이 응급상황이 발생했을 때 응급처치를 하도록 몸을 움직이게 해 생명을 구할 수 있다는 것이다. 보건교사가 올 때까지 기다리는 것이 아니라 가장 먼저 발견한 사람이 실시한다. 이것을 위해 해마다 응급처치 교육을 교직원들은 받는다. 보건교사로서 그나마 안심이 된다.

문제는 보건교사의 심폐소생술 및 응급처치 역량이다. 나는 간호장교로 군 병원에서 9년 동안 근무했다. 생도 4년까지 치면 13년 동안 군대에서 간호 업무를 한 셈이다. 하지만 심폐소생술 상황을 한 번도 접하지 못했다. 그래서 항상 고심했다. '학교에서 만약 심폐소생술을 할 상황이 발생한다면 내가 더 긴장하지 않을까? 나를 보는 교직원들은 더 불안해질 거고. 심폐소생술을 받아야 할 학생이나 교직원은 어떻게 하나?' 스스로 역량을 키워야 한다고 항상 생각했다. 보건교사의 존재 이유 중 어쩌면 가장 큰 부분은 적절한 응급상황 대처이다. 가장 중요한 심폐소생술 처치를 제대로 못 하면 안 되는 것이다.

우연히, 심폐소생술 및 응급처치 강사양성 과정 공문을 보게 되었다. 보건교사를 대상으로 교육한다는 내용이다. 해마다 교직원 연수를 해야 하는데, 보건교사를 강사양성 과정을 수료하게 해서 자신의 학교 교육을 담당하게 하고 연 1회 이상 주변 학교의 교육도 지원해야 한다고 했다. 일부 보건교사는 이 교육에 대해 호의적이지 않다. 심폐소생술 교육 아니라도 학교에서 해야 할 다양한 보건 업무가 많은데, 이 교육까지 받으면 근무하는 본인 학교에 집중하는 데 지장이 있다고 생각한다. 하지만 내 생각은 조금 달랐다. 일단, 보건교사의 심폐소생술을 포함해서 응급처치 역량을 높이는 것이 중요하다. 어떤 응급상황에서도 빠르고 신속하게 전문적 기술을 발휘할 수 있도록 대한적십자에서 9일 동안 대면으로 시행하는 교육은 보건교사에 요긴한 연수라고 생각했다. 그래서 나는 방학 기간에 교육을 받게 되었다. 내 생각대로 생명을 구한다는 간절한 마음으로 강사와 수강생들은 마음을 다해 교육을 받았다. 이 교육을 통해서 확실히 '응급처치 및 심폐소생술 처치, 이제는 자신 있다, 그리고 어디에서든 가르칠 수 있겠다.'라고 생각하게 되었다. 경기도 교육청에서 이런 교육을 추진했다는데 감사한 마음조차 들었다.

다만 한가지 바라는 것은, 보건교사에게 심폐소생술 및 응급처치 교육을 받을 수 있도록 기회를 제공하되, 교육 이후의 의무사항이 부담되어 교육을 피하는 상황이 발생하지 않았으면 한다. 보건교사는 본인이 근무하는 학교의 건강과 안전을 가장 우선시해야 한다. 여건이 된다면 주변 학교 교육도 가능하겠지만 학교 사정이나 개인 사정으로 그것이 어렵다면 주변 교육지원은 의무가 아니라 권유로 하면 좋지 않을까 하는 생각이다. 응급처치 연수를 받고 내 학교의 응급상황을 완벽히 관리하여 소중한 생명을 구했다면 그 교육의 효과는 충분하다는 생각이다.

보건교사로서 가장 보람을 느낄 때는 업무가 끝나갈 즈음이다. 크게 아픈 사람도 없고 특별한 사건도 없이 하루가 무사히 잘 지나갔을 때이다. 과거 초창기 시절에는 이런 생각을 못 했다. 응급상황이 없다는 것을 당연하게 생각했다. 응급상황이 아니라도 항상 바빴기 때문에 응급상황이 없고 무탈한 하루를 특별하게 생각하지 않았다. 대형 응급상황이 없어도 보건교사가 바쁜 이유는 보건실을 방문하는 아이들이 하루 최소 50~60명 이상이기 때문이다. 30학급에 그 정도이니 더 큰 거대학교라면 아이들 방문과 처치로 하루가 다 소비될 수 있을 것이다. 일반교사가 수업은 기본으로 생각하고 여러 행정업무를 하듯이 보건교사도 아이들 상처치료나 기타 처치는 아무리 처치 건수가 많아도 기본으로 생각하고 그 외의 일을 한다. '과거, 보건교사가 없던 학교에서는 이 많은 아이, 어떻게 care했을까?' 의심이 생길 정도로 보건실 방문 아이들은 점점 더 많아진다. 하지만 이런 아이들은 생명에는 지장이 없다. 가벼운 상처이다. 시간이 지나면 깨끗하게 치유된다. 전혀 문제가 되지 않는다. 살아있기 때문에 생기는 소소한 문제들일 뿐이다. 만약, 심폐소생술이나, 대형 응급상황이 발생했다면 그날 학교는 제대로 교육기관의 기능을 못 할 것이다. 얼마나 큰일인가? 예방도 중요하지만, 상황 발생 시 빠른 대응으로 후송을 보내고 학교는 원래의 역할을 회복하는 것이 중요하겠다. 상상만 해도 가슴 떨리는 일이다. 그런 상황도 보건교사는 항상 염두에 두고 근무를 선다. 다른 교직원들이 알지 못하는 긴장감을 유지하면서 보건교사는 학교 일을 해나간다. 학교에 있는 동안에는 그런 긴장감이 없을 수가 없다. 퇴근할 때, 특별한 일없이 무사히 지나갈 때쯤, 보건교사는 몸도 마음도 긴장이 풀린다. 긴장이 풀리면 사람은 아파진다는 말도 있듯이, 보건교사는 아무 일 없음에 감사하면서 퇴근할 때는 급 피곤해진다. 그래도 하루가 무사했다는데 깊이 감사함을 느낀다. 이것이 보건교사로서 제 역할을 다했다는 안도감이자 보람이다.

보건교사로서 보람을 느끼는 때는 무탈하게 하루를 마무리할 때이다. 보건교사는 심폐소생술 상황에서 대처하는 법 시뮬레이션을 통해 반복 훈련한다. 하지만, 응급상황이 발생했다고 상상하는 것만으로 식은땀이 흐른다. 보건교사에게 주기적이며 체계적인 응급대응 역량 향상 교육이 필요하다. 보건교사들은 항상 응급을 대기하는 마음으로 학교 일을 한다. 보건교사는 대화하면서 응급실을 찾은 환자가 드라마틱하게 악화되어 돌이킬수 없는 상황이 될 수 있다는 것을 병원 경험을 통해서 알고 있기에 눈에 보이는 현재 상황만을 염두에 두지 않는다. 그 내면에 어떤 부정적인 일들이 진행되고 있는지, 그것에 주안점을 둔다. 갑자기 응급상황으로 급변될 수 있다는 가능성을 항상 염두에 두고 있다. 일반 교직원이 보지 않는 지점을 학교의 의료인인 보건교사는 본다. 이런 전문성을 학교 구성원들은 최대한 잘 활용하여 원활한 교육이 이루어질 수 있도록 함이 지혜롭다고 강조하고 싶다. 전문가의 조언을 참고해서 관리자는 적절한 판단을 하는 것이 중요하다고 할 수 있겠다. 보건실을 수시로 드나드는 학생들을 볼 때, 그 아이가 잠재적으로 가지고 있는 문제들을 통찰하는 보건교사는 학생들의 문제들을 가장 먼저 발견하기도 한다. 무사히 하루가 지나가는 그 시점이 보건교사는 가장 좋다. 그리고 오늘도 건강히 학교를 지켜냈다는 안도감과 함께, 가슴 깊은 곳에서 퍼져나오는 보람을 느낀다.

도움이 필요한 아이들은 보건실을 찾는다

학생들이 보건실을 찾는 이유는 다양하다. 기본적으로 몸이 아파서 혹은 마음이 아파서 찾는다. 그것 외에도 사소한 이유로 보건실을 방문한다. 그 어떤 이유이든 누군가의 도움이 절실하기에 보건실을 찾곤 한다. 시대가 많이 바뀌었다. 보건실이 붐빌 때는 정신없이 바쁘다. 월요일 아침에는 특히 그렇다. 그 시간에는 여느 병원처럼 보건실을 방문하는 아이들이 많다. 주말에 아팠지만, 병원에는 가지 못하고 월요일 날 학교에 와서 보건실을 찾는 것이다. 주말에 넘어져서 외상이 심한 경우도 보건실로 와서 처치를 받는다. 주말부터 배가 아파도 역시 월요일 날, 보건실을 찾아 약을 먹는다. 처음에는 '이것 뭔가?'라는 생각을 했지만, 지금은 그러려니 한다. 일반병원과 비슷한 역할을 하는 보건실, 그나마 아이들이 처치를 받을 수 있어 다행이라 여긴다. 각양각색의 이유로 보건실을 찾아서 소소한 문제들을 해결할 수 있으니, 아이들은 위로받았다는 느낌으로 한주 힘차게 시작할 수 있겠거니 생각한다.

꼭 점심시간이 끝나갈 때 보건실을 찾는 남자아이가 있었다. 점심시간에는 다른 아이들과 신나게 노는 것처럼 보였다. 운동을 좋아하는 아이였다. 얼마 전, 농구대 공사가 끝나서 야외 농구코트는 최신식 현대화가 되어 있다. 농구를 하고 오는 느낌이다. 이 아이에게는 쉬는 시간이 되면 학교가 재미있어진다. 수업만 없으면 학교는 좋다. 급식도 맛나고 아이들과 장난도 칠 수 있어 학교는 행복한 공간이다. 하지만 쉬는 시간이 끝나고 수업 시간이 되면 학교에 대한 이미지가 180도 달라지는 듯했다. 보건실 와서는 항상 머리가 아프다고 한다. 점심시간에 실컷 놀고, 수업 들어가기 10분 전에 두통약을 먹으러 온다. 두통약을 챙겨주고 여러 번 반복되는 아이의 행동을 보고 그 아이가 어떤 상태인가를 판단할 수 있다. 이런 학생인 경우, 수업이 싫은 거다. 공부에 트라우마가 있든지, 아님, 공부가 자신을 너무 괴롭힌다고 생각하고 있을지 모르겠다. 그래도 기특하다. 학교는 꼬박꼬박 빠지지 않고 잘 나오고 있으니 말이다. 학교를 안 나오고 자퇴하는 아이들도 있다는 것을 고등학교 근무를 서면서 알게 되었다. 친구들도 꽤 있다. 보건실을 혼자서 오는 일도 있지만, 대부분 다른 친구들을 우러러 몰고 온다.

두통약을 건네주면서 "우리 힘내자. 살다 보면 좋은 일만 있는 것은 아니야, 힘든 난관이 반드시 있고, 그런 시간을 통해 성장한다. 성장한 만큼, 멋진 삶도 살 수 있는 거다."라고 한 마디 건네준다. 그 말끝에 아이의 눈빛을 보면, 반짝거린다. 그 말에 조금의 용기를 내는 것 같다. 아이들은 어른의 말을 듣고 있다. 어른들이 벽에 말하는 듯한 기분을 느끼게 하는 아이들조차도 어른이 진심으로 말해주는 것을 마음에 담아둔다. 선생님이 자신을 위해 건넨 진심이 느껴지면 더욱 마음에 간직한다.

아르바이트한다는 아이가 찾아왔다. 고등학생 중에는 아르바이트를 하는 아이들이 꽤 있다. 주로 주말을 이용해서 음식점 아르바이트를 하는데, 주중에 하는 아이들도 있다. 가정환경이 여의치 않아서 하는 아이들이 많겠지만 가정형편과 상관없이 용돈이 필요해서 하는 아이들도 있다. 이런 아이들이 보건실을 찾는 이유는 수면 부족 때문이다. 늦게까지 일을 해야 하니 몸이 피곤하다. 교실에서 엎드려 자기도 하지만 보건실만큼 피로를 해소할 수는 없다. 그래서 보건실을 수면실로 대용하기 위해 찾는다. 처음에는 이런 아이들을 어떻게 해야 할까, 잠깐 고민했다. 침대는 제한되어 있다. 여학생용 침대 2개, 남학생용 침대가 2개이다. 잠재우기 위해 침대 사용을 허용하면 진짜 아픈 아이들이 사용을 못 할 수 있다. 하지만, 잠시 고민했을 뿐, 나는 그 아이가 초췌한 얼굴로 다시 보건실을 찾았을 때, 1시간 수면을 허락했다. 1시간 쉬고, 다시 원기 회복하여

7교시까지 수업을 듣는다면 보건실의 역할을 제대로 한 것으로 생각했다. 아이의 코 고는 소리가 쩌렁쩌렁하다. 다행히 옆 침대에 학생이 없어서 다행이다 싶다. 1시간 푹 쉰 아이는 얼굴색이 변해있다. 에너지 충전 제대로 한 얼굴색으로 고개를 깊게 숙여 감사 인사를 한다. 어떨 때는 아르바이트 직장에서 회식해서 전날 술을 한잔하느라 잠을 못 잤다고 솔직하게 이실직고하는 아이도 있다. 이때도 나는 말없이 잠을 재워준다. 어쩌겠는가? 몸이 안 좋은 것은 사실이니, 그 이유가 어떻든 간에 도움을 주는 것이 그 아이를 위해 바람직하다.

어제는 오후 수업 시간이었는데, 여학생이 보건실을 찾았다. 수업 중에 보건실을 이용하려면 교과교사가 작성해주는 〈보건실 이용 허가증〉을 챙겨와야 한다. 그 양식지가 없다고 하면서 A4 용지 반쯤 접어서 교과 샘의 허락 사인을 받아서 가지고 왔다. 이 여학생은 보건실 사정에 대해서 잘 알고 있다. 이 학생이 급하게 찾은 이유는 사이가 좋지 않던 다른 여학생이 자신을 학생과에 신고함으로 인해 마음이 힘들어서 찾았다. 그 여학생과 악연은 작년부터였다. 원래 친한 사이였지만 서로 사이가 안 좋아지면서 상호 학교 폭력 신고를 했던 사이이다. 담임교사에게 그 사실을 이야기하고 상담교사와 상담을 하고 싶다고 했는데, 상담이 어려워 보건실을 왔다고 한다. 학생과 부서의 선생님에게도 자신의 억울함을 이야기했다고 했는데, 그래도 마음이 안정이 안 되어서 다시 보건실을 찾은 것이다. 신고한 내용에 대해서 자세히 들어보고 여학생이 하는 이야기를 경청해 주었다. 이번에 신고당한 이유가 의도적으로 상대방 여학생에게 접근했다는 것이다. 이미 학교에서는 '접근금지'를 권한 상태이다. 상대방 여학생은 같이 있는 것도 힘들어하는 아이였다. 이 학생은 자신이 먼저 도서관에 있었는데, 그 여학생이 도서관으로 들어왔고 그런 상황에서도 자신이 하던 일을 멈추고 도서관을 나가야 하느냐고 질문했다. 학교의 '접근금지' 권유는 두 아이가 같은 공간에 있으면 불미스러운 감정과 오해가 생기니, 그것을 예방하고자 내린 학교의 최선책이었다. 학교라는 공간이 넓기는 하나 그래도 좁은 곳이라 우연히 만날 수 있고 이런 상황에서 상대방 여학생은 신고하게 되었다. 나는 신고내용에 대해서 생각, 감정을 기록해두라고 조언해주었다. 기록은 상대방 여학생이 오해할 수 있는 부분을 해결할 수 있는 참고자료가 될 수 있기 때문이다. 아무쪼록 서로의 감정이 풀리고 잘 해결되어 행복한 학교생활이 되길 바란다.

한번은 어떤 학생이 쑥스러운 얼굴로 노크를 했다.

"선생님, 실과 바늘 있으세요. 바지, 엉덩이 부분에 구멍이 생겼어요. 창피해요."

교복 바지 솔기 부분이 터진 것이다. 이런 상황이 종종 있어, 나는 보건실에 실과 바늘을 준비해두었다. 아이는 너무나 기뻐하면서 보건실에 실과 바늘도 있느냐? 학교에 갈만한 곳이 보건실뿐이라고 생각해서 혹시 나 하는 마음으로 왔는데, 자신이 잘 온 것 같다고 말했다. 아이들은 학교 에서 다양한 문제들을 경험한다. 갑작스러운 일들이 대부분이다. 난감한 상황에서 보건실을 먼저 떠올린다. 물론 담임에게 상의하기도 하지만 그래도 만만하게 생각하는 것이 보건실이다. 보건실이 아플 때 가는 곳이 지만, 어떤 문제가 생겼을 때도 그 문제 해결에 대한 도움을 받을 수 있지 않을까? 하는 기대감을 보건실에 가지고 있다. 보건실의 존재는 그런 존재이다. 특별히 티 나지 않지만, 문제가 발생했을 때 학생들이 가장 먼저 떠오르는 곳이 보건실이다.

아이들은 도움을 요청하기 위해 보건실을 찾는다. 심신의 건강 문제이든 아니면 크고 작은 개인적 문제이든, 다양하고 간절한 문제들을 가지고 보건실에 온다. 발바닥의 작은 티눈 하나가 삶에서 행복감을 앗아가는 법이다. 작은 문제 하나로 학교생활이 즐겁지 않다면 안된다. 어떤 문제들이라도 보건실에서 해결할 수 있다는 믿음을 가지고 있는 듯하다. 보건교사는 아이의 믿음대로 최대한 문제들을 해결하려고 노력해야겠다. 그 기대에 부응해주기 위해 애를 써야 한다. 문제를 가진 아이들은 외롭다. 학교에서 갈 만한 곳이 많지 않다. 친구들은 많지만, 많은 친구 사이에서도 홀로인 듯 외롭다. 그럴 때 학생들은 보건실에 도움의 손길을 내미는 것이다. 보건실은 그런 학생이 기댈 따뜻한 위안처가 되어야 한다. 수업하기 싫어 단골로 보건실을 들르는 아이들, 아르바이트로 잠이 부족한 아이들, 자신의 이야기를 들어줄 그 누군가가 필요한 아이들, 옷의 수선이 필요한 아이들, 기타 등 다양하게 도움이 필요한 모든 아이는 보건실을 찾아 도움을 요청한다는 사실을 잊지 말자. 진짜 도움이 필요한 학생들은 쑥스러워하면서도 보건실을 찾는다는 사실, 그것 하나만 기억한다면 보건교사는 누나의 마음, 엄마의 마음으로 그 손길을 받아줄 수 있다.

마음이 아픈 아이들이 더 밝게 웃는다

웃음이 아주 밝은 남학생이 보건실을 찾았다. 그 남학생은 표정만 밝은 것이 아니라 성격도 싹싹하다. 한마디 질문을 하면 웃으면서 상세하게 대답한다. '이렇게 밝은 남학생도 다 있네'하는 생각이 들 정도로 호감이 가게 하는 아이였다. 이 남학생은 가끔 보건실을 찾아와서 아르바이트해서 피곤하다고 했다. 고등학생 중에는 아르바이트하는 아이들이 적지 않기에 나는 그 고충을 이해하고 피곤하다고 하면 1시간 휴식을 취할 수 있도록 한다. 1시간 만의 휴식이지만 아이들은 에너지 충전하고 오후 5시까지 학교생활을 잘한다. 이 남학생도 그렇게 편의를 봐주었다. 새 학기만 되면 전교생 대상으로 기초 건강 설문조사를 한다. 과거에는 신입생을 대상으로 주로 했지만, 지금은 전교생을 대상으로 당연히 해야 하게 되었다. 왜냐하면 지금 건강하다고 항상 건강하라는 법은 없기 때문이다. 자신의 건강 행위에 따라서 더 건강해질 수도 있고 아니면 새로운 병이 생길 수도 있다. 우연히 건강조사서를 확인하다가 이 남학생의 건강 설문지를 보게 되었는데, 우울증 약을 복용 중이라고 되어 있었다. 깜짝 놀랐다. 그렇게 밝고 상냥한 아이가 마음의 병을 가지고 있었다. 속속들이 그 마음을 헤아려 보지 못한 미안함이 생겼다. 아이들은 특히, 외모로 판단해서는 안 된다는 생각이 들었다. 한참 예민하고 주위에 민감한 청소년기이기에 실제 자신의 마음과 다르게 행동하기도 해 겉모습만 보고 섣불리 속단해서는 안 된다. 그 마음을 들여다보려 해야 한다.

화장을 곱게 한 1학년 여학생이 나에게 할 말이 있다며 왔다. 머리카락 모양은 과거 가수 김정현이 '와' 노래를 부를 때와 비슷한 외모이다. 밤에 보면 섬뜩할 것 같은 머리 길이와 화장술이었다. 고등학생이 화장은 어디에서 배웠는지 무대에 올라가도 손색이 없을 수준이다. 속눈썹은 연장술을 한 것인지 아주 길다. 그리고 눈 아래 애교살이라고 하는 부분도 화장으로 만들었다. 가까이에서 보면, 인위적인 느낌이 강해 인형 같았다. 이제 고등학교 1학년인데, 얼굴 화장이나 복장이 학생과는 거리가 멀어 보였다. 그리고 이 여학생이 며칠 전에 남학생과 한 이야기 때문에 나는 그 여학생에 대한 이미지가 좋지 않았다. 남학생에게 하는 이야기가 자신은 현모양처가 꿈이라는 것이다. 공부는 필요 없고 돈 많은 남자 만나서 아이 낳고 사는 것이 꿈이라고 했다. 화장이며 복장도 학생답지 못하다고 생각했는데 말하는 내용도 한심스럽다는 생각이 들었다. 대체 그동안 무엇을 배웠길래 고작 저런 생각밖에 못 하는지 나는 누군가의 도움이 필요하겠다고 생각했다. 그랬던 여학생이 무심히 나에게 건네는 이야기는 놀라웠다.

어머니와 둘이서 사는 그 여학생은 불안하다고 말했다. 힘듦이 어느 정도 지나간 상태인데 오히려 그때보다 지금이 더 불안하다는 것이다. "무엇이 그렇게 걱정되니?"나는 진심을 담아 질문했다. 여학생은 자신도 잘 모르겠다고 한다. 그래서 지금 정신과 상담을 한번 받아보았다고 했다. 정신과 선생님이 다음에 또 오라고 말했다고 한다. 여학생의 이야기를 자세히 들어보았다. 얼마 전까지 해도 새아빠와 3명이 함께 살았는데 새아빠가 폭력을 했다. 엄마도 자신을 때렸다고 했다. 하지만 엄마가 자신을 때리는 것은 새아빠가 자신을 때리지 못하도록 엄마가 먼저 화를 내고 자신을 때려왔다는 것이다. 여학생은 말했다. "선생님, 저는 엄마가 저를 사랑하는 것은 알아요. 하지만 엄마는 저에게 사랑을 표현하는 방법을 잘 모르시는 것 같아요. 엄마는 저에게 죽고 싶다는 이야기도 했어요. 엄마가 얼마나 힘들면 그런 말을 할까 싶어서 저는 엄마가 때려도 그냥 맞고 있었어요. 저에게라도 엄마가 화풀이해서 조금은 편안해졌으면 하고 바라요. 지금은 새아빠와 엄마가 헤어졌고 모든 것이 옛날보다 좋아졌는데 왜 마음이 불안하고 힘든 걸까요?" 여학생이 하는 이야기는 정말 구구절절 가슴을 아프게 했다. 이 여학생은 외모와 달리 정말 착한 아이였다. 엄마를 끔찍이도 생각하고 오히려 엄마의 심리적 보호자 역할을 해왔다는 생각이 든다. 여학생의 외모는 속마음을 10%로 보여주지 못했다. 나는 아이에게 말했다. "아마도 너의 증상이 "외상후 스트레스 증후군"일 수 있다. 의사 선생님에게 상담 잘 받고 감기와 같은 마음의 병에서 벗어나길 바란다. 그리고 혼자서 힘들 때는 책에서 답을 찾아봐라. 책에는 너와 비슷한 환경에 있는 사람이 분명 있을 것이고 그들이 활용한 해결법을 참고해서 너의 불안한 시간을 잘 견디길 바란다."라며 조언해주었다.

겉모습은 밝더라도 그 내면은 반대로 어떤 어려움을 가졌는지 알 수 없다. 고등학생쯤 되면, 힘든 마음을 겉으로 잘 내비치지 않는 것이 일반적이다. 좋은 것만 말하고 자신은 행복한 사람처럼 밝게 행동한다. 나도 그 시기에는 그랬다. 불행할수록 더 행복한 것처럼 행동하고 싶어진다. 나도 고등학생 때 힘든 시간을 보냈다. 갑작스럽게 사고로 돌아가신 아버지, 그로 인해 4명의 자녀를 어떻게 키울지 막막하고 힘드셨던 어머님, 어머님이 힘들면 자녀들은 더욱 힘들어진다. 언니, 오빠는 대학 생활을 위해 다른 도시로 떠났었다. 2살 어린 남동생과 나, 어머니가 가족의 전부였는데, 소통 없이 각자 열심히 살아가야 했다. 어머님은 가족을 먹여살리기 위해 열심히 돈 벌기에 열중하셨고 우린 알아서 스스로 성장해야 했다. 힘들다. 특별히 내색도 하지 않았다. 그 당시 어머님은 조그마한 식당을 하고 계셨는데, 학교 갔다가 집에 돌아오면 어머님이 자주 안 보이곤 했다. 식당 문은 그대로 열려 있는데 사람이 없는 것이다. 그래서 나는 자전거를 타고 인근 공동묘지에 있는 아버지 산소를 찾아갔다. 역시나 어머님은 그곳에서 산소를 부둥켜안고 울고 있었다. 어머님은 식당 일을 하면서도 갑자기 죽은 아버지를 잊지 못해 마음의 병을 앓고 있었다. 그런 어머님을 집으로 모시고 온 것이 한두 번이 아니었다. 또한, 학교에서는 중학교 때부터 라이벌처럼 생각했던 아이가 있었다. 그 아이를 볼 때마다 나는 박탈감을 느꼈다. 그 아이는 부모가 모두 살아계셨고, 두 분 다 교사였다. 한 분은 그 아이와 내가 다니는 학교 교사였다. 또 부모의 보살핌 때문인지 머리가 좋아서였는지 그 아이는 공부도 잘했다. 옷도 이쁜 옷, 브랜드가 있는 옷만 입고 다녔다. 그 아이를 볼 때마다 나는 자신감이 없어졌다. 하지만 전혀 티를 내지 않았다. 오히려 그 아이 앞에서 더욱 당당하고 밝게 행동했던 기억이 난다. 속마음과 전혀 반대로 행동했다. 그렇게 가짜 삶을 살고 집에 오면 마음이 허했다. 학교생활이 재미가 없고 의미 없는 시간처럼 느껴져 학교를 그만두고 싶었고 그 시간이 고통스러웠다.

하지만 나는 미래에 대한 꿈을 가지고 있었다. 지금보다는 더 나은 삶을 살고 싶었다. 무엇이 되고 싶다고 딱 잘라 말할 수는 없었지만 좋은 대학을 가서 내가 원하는 삶을 살아보고 싶다는 열망이 있었다. 그래서 학창 시절이 하루하루 지옥같이 싫었지만 나는 버텨냈다. 그래도 고등학교에서 배우고 익혀야 좋은 대학을 갈 수 있다고 생각했기 때문이었다. 자칭 라이벌이라고 여긴 그 아이처럼 공부를 잘하기 위해 의자에 앉아있는 시간을 늘렸다. 가정환경은 어떻게 바꿀 수 없지만, 성적은 내 의지로 바꿀 수 있다고 생각했다. 그 아이가 다른 친구들과 대화하는 내용을 듣고 공부의 힌트를 얻기도 했다. 공부에는 비법이 따로 없었다. 그저, 반복, 또 반복해서 공부하는 것이 최고라고 여겼다. 그래서 수시로 되풀이해서 교과서를 보고 또 봤다. 미동도 없이 무반응이었던 성적은 점점 우상향 곡선으로 상승해갔다. 나는 조금씩 나의 불우한 환경을 스스로 바꾸어간다는 생각에 사는 것이 조금씩 신이 나기 시작했다. 그렇게 공부는 내가 가장 열심히 하는 일, 그래도 잘하는 일이 되었다. 그나마 다행이었다.

마음이 아픈 아이들이 더 밝게 웃고 있었다. 아무렇지 않게 잘 사는 것처럼 보이고 싶은 마음이 컸기 때문에 밝게 행동한다. 아무 일 없는 듯 행동하지만, 오히려 이런 아이들에게 마음의 병이 있을 수 있다는 것, 그 가능성을 항상 열어 두고 잘 관찰해야겠다. 아이들은 겉모습만 보고 판단하면 안 된다. 누구나 힘든 시간, 고비들은 찾아온다. 인생에 여러 번 찾아오는 것이 특별하지 않다. 청소년기에 찾아오는 불안, 갈등, 좌절, 괴로움, 등 부정적인 감정은 지금보다는 더 크게 성장하기 위한 하나의 과정일 뿐이다. 이런 과정을 잘 넘길 수 있도록 그 아이의 마음을 알아채고 도와주는 것이 교사의 역할이라 생각한다. 겉의 모습과 행동으로 그 아이를 알 수 없다. 무대에 올라야 할 것 같은 짙은 화장, 속바지가 다 보일 정도로 짧게 자른 교복 치마, 조폭 저리 가라 수준의 문신, 피어싱, 노랑머리, 이런 모든 것들이 힘듦을 견뎌 나가는 그들의 노력일 수 있다는 관점으로 바라보길 바란다. 영원히 이어지는 터널은 없다. 터널은 시작이 있듯이 끝도 있기 마련이다. 아이들이 힘들어하는 것, 어떤 것이라도 또한 끝이 있다는 것을 아이들이 알 수 있도록 학교의 모든 교사가 다정한 한마디를 하루 한 번씩 건네길 바란다. 아이들은 서서히 변해갈 것이다. 지겨운 학교가 아니라 그래도 와볼 만하고 기대되는 학교가 될 것이다.

읽고 쓰며 중심을 잡아라

"꿈을 현실처럼 상상하면

그 꿈은 스스로 현실이 될 방법을 모색한다."

우리가 할 일은 꿈을 상상하는 것뿐이다.

매일, 자기 직전과 아침 일어난 직후

소중한 나의 꿈을 상상하는 것이다.

꿈이 구체적이지 않다면

구체적으로 만들자.

꿈을 모호하게 가졌다면

명확하게 만들자.

꿈을 1문장으로 표현할 수 없다면
1문장으로 만들어 보자.

명확하고 구체적이며
1문장으로 내 꿈을 만들 때
쉽게 반복해서 상상할 수 있다.

우리가 할 일은 오직 이것뿐.

꿈은 스스로 현실이 될 방법을
모색한다. 그리고 나를 움직이게 한다.

#아침 독서
#아침 5분 독서
#네빌 고다드 5일간의 강의

아침마다 나는 책을 읽는다. 30분도 좋고 단 10분, 5분도 좋다. 책을 펴고 한 문장이라도 읽으려 한다. 책을 읽으면 사고가 자극을 받는다. 생각하지 못한 아이디어를 얻기도 한다. 전날 고민했던 문제들의 해답을 불현듯 얻기도 한다. 책은 나에게 생명수의 역할을 한다. 그래서 짧은 시간, 짧은 문장이라도 매일 읽기 위해 노력한다. 읽고 나서는 머리에 확장된 생각들을 글로 쓴다. 글은 거창하게 쓰지 않는다. 짧고 진솔하게 떠오르는 생각을 그대로 종이에 옮겨 놓는 데 의의를 둔다. 누군가는 이야기한다. "글은 아무나 쓰는 거냐고? 그냥 나는 글쓰기보다는 말이 편하다. 나에게 글쓰기는 어려운 부분이다." 글쓰기를 어렵다고 단정했기 때문에 스스로 그렇게 생각한다. 글쓰기는 말하기와 같이 우리의 본능이고 욕구라고 생각하면 그냥 한 줄이라도 쓸 수 있다. 나는 그런 마음으로 그냥 적는다. 하루, 이틀 읽고 쓰는 시간이 지나면서 글쓰기를 말하기와 같이 쉽게 생각한다. 글쓰기는 이제 나의 일상이 되는 것이다.

보건교사가 글을 쓴다면 보건 일상에 다양한 긍정적인 효과가 나타날 것이다. '소중한 꿈이 현실인 듯 생생하게 상상하고 받아들이면 무의식은 꿈을 현실로 만들 방법을 모색한다.'라는 아침 독서 문구를 되새기면서 나는 나의 꿈이 무엇인지 생각해 보았다. 그리고 '그 꿈을 명확하게 한 문장으로 표현할 수 있나?'라고 자문해 보았다. 아니었다. 글로는 무수히, 꿈에 관해서 썼지만, 내 소중한 꿈을 한 문장으로 쓰려고 하니 쉽지 않았다. 그래서 마음을 먹고 한 문장으로 새롭게 적어보았다. "나는 평생 책을 쓸 것이며 책 쓴 경험과 노하우를 책을 쓰고자 하는 사람들에게 공유할 것이다." 긴 한 문장이다. 그나마 이렇게 쓸 수 있어서 꿈이 명확해진 느낌이 들었다. 사람들은 꿈이 너무나 많아서 꿈을 이루지 못한다. 수많은 꿈 중에서 가장 간절한 꿈 하나를 먼저 정해야 한다. 꿈 하나를 정하기도 사실은 어렵다. 너무나 하고 싶은 것이 많기 때문이다. 하나를 정할 때, 꿈은 이룰 확률이 높아진다. 보건 일을 할 때도 마찬가지다. 할 일이 너무나 많아서 무엇부터 손을 댈지 모르고 우왕좌왕하다 하루가 지나갈수 있다. 그래서 나는 생각했다. 매일 출근하기 전에 학교에서 해야 할 중요한 일 3가지를 노트에 적자고. 이것을 잊어버리지 않게 노트에도 적었다. 중요한 일 3가지를 적고 보니, 오늘 그 일이 이미 이루어진 느낌이 든다. 사실, 사실, 경험상, 적는 것은 모두 이루게 된다. 이런 느낌을 생기면 출근이 기다려지기까지 한다. 독서와 글쓰기로 인해 나의 삶도 나의 직장, 보건 일도 업그레이드된다.

보건교사의 중요한 역할은 학교의 건강을 지키는 지킴이라는 것이다. 학교 내에서 건강에 한해서는 보건교사가 전문가이다. 보건교사만큼 잘 아는 사람은 없다. 공문이 내려와 그것을 학교 현장에 맞게 해석하고 적용하기 위해 전문가로서 고민한 후 소견을 관리자에게 건네야 한다. 관리자는 보건교사의 전문적 의견을 최대한 참고하여 결정을 내린다. 군대로 따지며 참모로서 해야 할 역할을 보건교사는 한다. 관리자의 옆에서 건강에 대한 참모이다. 그렇기에 건강에 대한 명확한 지식과 자신의 견

해를 가지기 위해 노력해야 한다. 학교 건강에 대해 중심을 잡고 보건 일을 해야 한다. 하지만 보건교사도 인간이고 빠르게 변화되는 건강관리의 지침들을 놓치는 경우도 발생한다. 그렇다고 하더라도 자신의 위치가 변화되는 것은 아닌지라 놓친 부분도 만회하기 위해 스스로 노력함이 요구된다.

학교 건강의 중심을 잡기 위해 가장 쉬운 방법은 읽는 것이다. 공문도 읽고, 건강 관련 잡지나 뉴스, 전문지 가리지 말고 읽어야 한다. 읽고 나서는 정리해서 써봄으로써 건강관리자로서의 중심 잡기가 쉬워진다. 바쁜 일정 속에서도 그나마 내 상황에 맞추어 틈틈이 많은 정보와 아이디어를 얻을 수 있는 독서, 보건교사에게 필수라고 말하고 싶다. 공문은 수실로 반복해서 읽고 또 읽어야 한다. 공문은 그야말로 우리가 어떻게 일을 해야 하는가를 알려주는 매뉴얼이다. 하지만, 매뉴얼의 늪에 빠지면 안 된다. 큰 줄기는 매뉴얼대로 흘러가지만 세세한 부분에 있어서는 학교마다 처한 상황에 맞게 판단해 적용해야 한다. 그 적용에 있어서 보건교사의 판단력이 필요하고 경험, 노하우를 활용한다. 때론, 판단이 어렵고 그 과정이 외롭기도 하다. 두려운 마음도 있다. 결정을 못 내리고 갈피를 잡지 못할 때도 더러 있다. 하지만, 이런 경험과 시간이 모여 보건교사는 더욱 성장하게 된다. 많이 긴장되고 여러 번 실패하는 것이 결국에는 긍정적인 결과와 성장의 자양분이 되는 것이다. 그러니, 실패를 두려워할 필요는 없다. 단단한 보건교사, 역량 있는 보건교사가 되기 위한 하나의 과정일 뿐이다. 이런 과정들을 통해 보건실은 학교 내 건강의 중심이 된다.

　당신이 보건교사라면 읽고 쓰면서 학교 건강의 중심이 되기를 권한다. 읽는 것은 언제 어디서든 할 수 있는 우리의 강력한 수단이다. 어려운 결정의 순간에도 읽음으로써 적합한 정보들을 얻을 수 있다. 사람으로부터 얻는 정보보다는 자료를 통해 얻는 정보가 직장 일을 할 때는 더 유용하다. 누군가에게 의지하는 마음, 다른 이가 알아서 하겠지 하는 안이한 생각은 접어두고 스스로 읽는 것에 집중하기를 바란다. 읽고 나서 쓰는 것 또한 보건교사로서 전문적인 결단을 내리는 데 도움이 된다. 쓰는 것은 표현하는 것이다. 머리로 입력된 정보를 내 것으로 만들어 현장에서 활용할 수준이 되도록 머리를 정리하고 몸으로 움직일 수 있는 단계까지 만드는 과정이다. 매일 아침, 그날 해야 할 가장 중요한 일 3가지를 적고 업무를 시작해보자. 적는 순간, 일할 의욕이 강해진다. 어떻게 해결할지 막막했던 일들의 실마리를 찾는다. 쓰는 것의 힘을 시간이 지날수록 느낄 것이다. 학교에 한 명뿐인 보건교사. 누군가와 상의하기도 힘든 보건교사, 스스로 그 해답들을 찾기 위해 읽고 쓰면서 답을 찾으며 학교 건강의 컨트롤 타워가 되길 강조하고 싶다.

보건교사에게 글을 쓰는 능력이 필요한 이유

알고 지내는 강사로부터 연락이 왔다.

"안녕하세요. 부탁이 있어 연락드립니다. 제가 모 중학교에서 학생들 대상으로 심폐소생술 교육을 했는데, 그곳에서 중학생 1명이 저를 성희롱성 발언을 했다고 신고를 했습니다. 학생이 표현한 말을 저는 한 적이 없고 다만 자는 그 아이를 깨웠을 뿐인데 상황이 난처하게 되었습니다. 그래서 탄원서를 제출하려고 하는데 그동안 저를 봐오시면서 제가 어떤 품성의 사람인지를 적어주시면 감사하겠습니다."

정말 뉴스에서 나오는 상황이 지인에게도 발생한 것이다. 요즘은 '성'과 관련해서 신고하면 사실 여부와 상관없이 신고당사자는 곤란한 상황에 부닥치게 된다. 특히, 신고자가 19세 미만 아이들일 경우 더욱 그렇다.

아이들을 모시고 살아야 하나? 순간 생각이 든다. 그야말로 아이의 기분을 상하게 했다면 나쁘게 마음먹은 아이의 보복을 그대로 받을 수도 있다. 내가 아는 지인은 아이가 말한 발언을 할 사람이 아닌 인격적으로 훌륭한 사람이다. 어떤 의심도 하지 않는다. 그래서 나는 탄원서를 작성해 주었다. 탄원서에도 서론-본론-결론으로 적었다. 지금 내가 알게 된 지인의 상황에 대해서 안타까움을 느낀다고 시작했다. 그리고 수사관을 향해 내가 지인에 대해서 경험하고 느낀 점을 사례 중심으로 적었다. 사례는 본론에 주로 들어가듯이, 본론 부분에 처음 알기 시작할 때부터 지금까지 솔선수범해서 일하는 모습을 언급했다. 나와 함께 하는 독서 모임에서는 항상 성실히 책을 읽었고 참석하지 못한 회원들에게 직접 전화해서 안부를 묻고 함께 읽고 성장하자고 격려했다는 사실을 적었다. 또한, 교육과 관련된 자격증을 여러 개 취득하여 교육자의 역량을 쌓기 위해 노력하고 있음을 적었다. 그리고 마지막엔, 수사관에게 부탁의 메시지를 남겼다. 한 가정의 가장으로서 교육자로서 부끄러움 없이 행동하는 지인에 대해서 부디 귀를 기울여 오해 없이 잘 해결될 수 있도록 부탁드린다는 개인적인 마음을 전했다. 이런 내용의 작성은 30분이 채 걸리지 않았다. 지인은 탄원서를 보고 진심이 느껴지는 듯해서 너무나 감사하다고 했다. 아무쪼록 별일 없이 잘 해결되길 바라는 마음이다.

이런 긴 글들이 이젠 크게 문제가 되지 않는다. 여러 권의 책을 써보니, 짧은 글이든 긴 글이든 쓰는 방식은 비슷했다. 물론 조금 다른 부분은 있지만, 기본적으로 서론-본론-결론에 맞추어서 쓴다는 것은 같다. 머리로 익힌 것이 아니라 장시간을 투자해 몸에 밴 글쓰기가 내 삶과 타인의 삶에 보탬이 된다. 어떤 상황일지라도 글로 표현하는 데 점점 부담이 없어지고 거침이 없어졌다. 글을 쓸 수 있어서 든든하다. 직장에서도 글쓰기에 대한 자신감은 직장 일에 대한 자신감으로 확대된다.

코로나19 팬데믹 상황에서 소통의 수단은 주로 글이었다. 지금은 거의 포스트 코로나 시대이지만 코로나19가 기성을 부릴 때에 글이 유익했다. 그 당시, 비대면이 일반화되어 수업은 물론 일반적인 만남까지 말보다는 글을 활용해야 했다. 그런 상황에서 글쓰기가 불편했던 우리는 애로사항이 생겼다. 짧은 글은 써왔지만 중간 길이의 글이나 긴 글쓰기에는 익숙지 않아 쓸수록 어렵고 되도록 피하고 싶어 했다. 보건교사의 업무에 있어서 코로나 상황에서 글을 쓸 이유는 많았다. 감염병의 도래로 학교 내 감염병 확산을 막기 위해 평상시의 예방 교육은 필수였다. 수시로 바뀌는 코로나19 대응의 지침은 보건교사가 더 많은 글을 쓰게 만들었다. 글쓰기에서 벗어나고 싶은 심정과는 반대로 글은 자꾸만 써야 했다. 글을 썼을 때, 직접적으로 협조가 요구되는 담임교사의 반발을 산 일도 있다. 똑같은 글이라도 '아' 다르고 '어' 달랐다. 어떤 단어를 선택해서 어떤 의미로 전달했느냐에 따라 느껴지는 저항감이 천지 차이인 듯했다.

보건교사에게 글쓰기 능력이 필요하다. 그 이유는 개인적인 면과 직업적인 면으로 나누어서 말할 수 있다. 우선 개인적인 면에서 보면, 보건교사란 직업이 보통 사람들이 말하는 '꿀 직장'이란 것에 100% 찬성할 수 없다는 현실 때문이다. 교장처럼 사무실 하나를 차지하고 있는 것처럼 보이는 보건교사는 사실, 다양한 학생들을 가장 많이 대하는 교사 중의 한 명이다. 학교생활이 어려운 아이들이 보건실을 주로 찾는다. 나는 가끔 다른 교사에게 이 부분을 이렇게 말하곤 한다. "선생님, 저는 학교에서 문제없고 공부를 잘하는 아이들은 잘 모릅니다. 제가 아는 학생들은 도움이 필요한 아이들이 대부분입니다.". 또한, 일한 만큼 대우를 받지 못한다고 느끼는 보건교사가 많다. 다른 교사에 비해 승진의 기회가 제한적이다. 만년 평교사로 지내야 하는 경우가 대다수이다. 또한 보건교사에 대한 여건이나 업무에 대해서 일반교사들의 이해도가 낮아 보건 일을 쉽게 생각하거나 말실수를 하는 경우도 종종 있다. 그럴 때는 나 자신도 답답해지고 '화'가 올라와 감정을 눌러야 할 때가 있다. 보건교사가 학교 내 혼자이기에 이런 답답함을 들어줄 사람들도 마땅치 않다. 학교 전체의 건강을 책임진다는 무거운 책임감은 스스로 감내한다고 하더라도 쉽게 툭툭 내뱉는 말을 듣고 알게 모르게 받는 상처는 어떻게 해결해야 할까? 바닥으로 떨어지는 자존감을 스스로 지켜내지 않는다면 보건교사의 역할을 제대로 할 수 없다는 위기감을 느끼기도 한다. 이럴 때, 글쓰기가 도움이 된다. 속에 있는 모든 마음을 있는 그대로 종이 위에 토해내며 글로 적는 만큼 긍정적 에너지를 충전하고 개운해진다. 낮아진 자존감도 서서히 회복한다. 글을 통해서 스트레스를 풀어내고 자존감도 회복하니 보건교사에게 최고의 처방이 바로 글쓰기가 된다.

직업적인 면에서 봤을 때, 글쓰기는 보건 업무를 수월하게 하는 강력한 수단이 된다. 건강관리의 가장 기본이 되는 예방 교육은 주로 학교 내 메신저를 통해서 실시한다. 아마도 대면 교육보다는 수시로 하는 비대면 교육이 훨씬 많을 것이다. 글 하나로 학교 내 다양한 질병을 완벽히 예방할 수는 없을지라도 가랑비에 옷 젖듯이 꾸준히 글을 통해 경각심을 일으키고 서서히 몸에 익히는 예방 교육이 가능하다. 교육 외에 전달해야 할 내용도 많다. 보건 업무는 전교생, 전 교직원, 전 학부모를 대상으로 하는 활동이 많다. 얼마 전에도 작년부터 새로 제정된 보건법에 따라 전 교직원 잠복 결핵 검사를 시행했다. 해마다 x-ray를 통한 결핵 검사를 하고 있지만, 이번에는 혈액검사를 통한 잠복 결핵 검사이다. 학교 근무 중 1회만 실시하면 된다. 학교 내 1달 이상 학생과 접촉하는 모든 교직원은 이 검사를 시행해야 한다. 검사하나를 실시하는데도 최소 3번 이상의 안내 글을 메신저로 보내야 한다. 검사 전뿐 아니라 검사 중에도 보낸다. "지금 검사가 빠르게 진행되고 있으니, 부서 상관없이 지금 일시적 관찰실로 오셔서 검사를 시행하시길 바랍니다.", "선생님들의 적극적인 협조로 검사가 잘 끝났습니다. 검사 인원 82명, 미검사 인원 2명, 감사합니다." 말이 아닌 글로 검사 마무리 인사까지 보내면 그날 검사는 종료되는 것이다. 코로나19 전에는 이 정도는 아니었는데, 글을 매개로 업무를 하다 보니, 글이 점점 편하고 효율적으로 되었다. 말만으로 소통할 때보다는 더 효과적인 업무가 된 것이다. 보건교사는 이제 글이 편해져야 한다. 수시로 글을 쓰고 글을 업무에 활용해야 한다.

짧은 글은 누구나 쓴다. 핸드폰 메시지 글을 보내면서 자신의 의사를 표현한다. 하지만 업무에서까지는 글쓰기가 일반화되지는 않았었다. 보고서를 쓸 경우도 직장에서 자주 있지만, 형식만 맞추어서 쓰면 별 부담 없는 보고용의 글이다. 이제는 보고가 아닌, 업무를 위한 상호 소통을 목적으로 자유자재로 맘껏 써야 한다. 글의 길이로 따지자면 짧은 3문장보다는 길고 A4 2장의 긴 글보다는 짧다. 8줄 정도의 글 길이로 글을 부담 없이 쓸 수 있도록 연습을 해야겠다. 보건교사만의 말 못 할 속앓이를 풀어내는 용도로도 글쓰기는 유용하다. 보건교사 직업군만큼 글쓰기가 유익한 것도 없다. 보건교사라면 이제, 글 쓰는 근육을 단련해 개인적인 목적뿐만 아니라 능률적인 보건 업무를 위해서 글쓰기를 활용해야겠다. 글쓰기에 익숙해진 이후에는 책 쓰기에도 관심을 가지고 도전해보시길 강력히 권하고 싶다.

보건교사, 이제 책으로 말해라

이단 단체에 대한 다큐멘터리 시리즈가 요즘, 이슈다. 나는 무슨 내용인지 처음에는 별 관심이 없었다. 그 단체가 방영된 후, 인터넷 뉴스에서는 교주의 얼굴이 연일 올라왔다. 교주가 신도들을 성폭행했다는 기사 내용과 함께. 여기저기에서 "세상에 이럴 수가 있나? 현대사회에서 어쩌면 이런 일들이 버젓이 일어날 수 있지? 이성적으로는 도저히 이해할 수 없는 상황이다."라며 다들 이구동성으로 이야기한다. 나는 개인적으로 그 단체를 알고 있었다. 대학 때 남자친구가 이 단체의 신도였다. 이 친구는 대학을 졸업하고 직장생활을 하면서 그 단체의 교인이 되었다. 그때 이후 나와의 관계도 멀어졌다. 그 친구는 엘리트라면 엘리트라고 할 수 있는 똑똑한 집단에 소속된 친구였다. 이 단체의 특징이 젊은 엘리트를 선교의 대상으로 한다고 한다. 성경 내용 중 이해하기 난해한 부분을 과

학적으로 풀어서 설명한다는 그들의 개론에 젊은이들은 빠져들었다. 나는 그 친구의 마음을 돌리기 위해 노력했지만, 나의 힘으로는 역부족이었다. 머리로도 말로도 나는 당할 재주가 없었다. 안타까운 마음으로 지켜볼 수밖에 없었고 결국, 그 친구는 그 단체에서 정해준 여인과 결혼했다. 결혼도 그 단체 내에서 정해준 사람과 해야 한다는 사실을 나중에 알고 심히 놀랬다.

이 단체 경험을 책으로 쓴 작가가 있다. 세세한 경험담을 작가는 책에 적었다. 직접 그곳에서 신앙생활을 했던 작가는 단체의 실체를 알게 되면서 그 교단생활을 정리하고 정식으로 단체의 실상을 알리고 교주와의 한판 전쟁을 선포했다. 방송매체의 영상으로 알 수 없었던 리얼한 이야기들이 책에 고스란히 쓰여있다. 실상을 제대로 파악하고 이해하는 데는 영상보다는 글이었고 책이었다. 책으로 말했기 때문에 더 큰 파급효과가 장기적으로 진행되었고 지금도 많은 사람이 실상에 놀라워하고 있다. 하고 싶은 간절한 말들이 있다면 이제는 무엇이든지 책으로 말해야 하는 시대라는 것을 다시금 느꼈다.

나는 얼마 전에 《나는 보건교사입니다》를 출간했다. 제목에서 알 수 있듯이 나의 직업인 보건교사에 관한 책이다. 책을 쓸 때는 항상 타깃 독자를 먼저 정하고 목차를 만든다. 이 책의 타깃 독자는 근무경력이 오래된 베테랑 보건교사가 아니고 이제 갓 보건교사가 되었거나 보건교사가 되고 싶은 사람이 대상이다. 그리고 보건교사에 대해서 잘 알지 못하는 사람에게 내가 보건교사로서 해줄 수 있는 이야기들을 썼다. 출판사로부터 "간호사"에 대해서 책을 써보자고 제안을 받았을 때 병원 간호사의 생활을 한 지 오래되어 나는 보건교사에 대해서 한번 써보겠다고 이야기했다. 내가 하는 일들이 보건 일이고 그것이 직업이다 보니, 사례는 얼마든지 쌓여있었다. 전혀 생각지도 않은 제안이었지만 그래도 의의가 있겠다고 막연하게 생각해서 집필했고 출간까지 하게 되었다.

《나는 보건교사입니다》 출간 이후 많은 사람이 관심을 가졌다. 사실, 이 책을 쓰기로 한 진짜 이유는 보건교사에 관한 책이 많지 않음을 인지했기 때문이다. 몇 명의 보건교사가 책을 쓰고는 있지만 부족하다. 나는 보건 업무를 하면서 경험했던 사례들을 적고 그 사례에 관한 생각과 메시지를 적어 1권의 책으로 써냈다. 보건교사에 대해서 잘 모르던 사람들은 "아, 보건교사가 이런 일들을 하네요. 별도 사무실이 있어서 편하게 보였는데 이런 애로사항이 있네요. 항상 대기하는 마음이 쉽지 않을 것 같은데, 그런 상황에서도 꿋꿋이 여러 일을 감당하시는 보건교사가 대단하다고 생각했네요."라고 생각을 전해주었다. 또 어떤 사람들은 서평 글로도 느낀 것을 표현해주었다.

"보건교사의 역할을 진솔하게 설명해서 읽으면서 공감 가는 부분이 많았다. 궁금증을 해소해 주었고, 학교에서 유일한 의료인인 보건교사의 막중한 책임을 느꼈다." 피드백 문구들이 감사하다. 집필하기 전, 막연하게 "보건교사'에 대해서 책을 쓰는 것도 의의가 있겠다고 생각했었는데, 지금 잘했다는 생각과 함께 보람을 느낀다. 결과적으로 보건교사에 관해서 알리는 책이 되었다. 서평을 쓴 사람은 보건교사가 되기를 바라는 사람도 아니고 현직 보건교사도 아니다. 딸아이가 아픈 학부모였다. 아픈 아이를 학교에 보내야 하는데, 얼마나 걱정되고 염려되었을까? 그때, 보건교사의 업무와 소소한 학교 일상을 다룬 책이 출간되니, 간절한 마음으로 책을 읽고 한마디의 글을 남겼다. 그 학부모에게 이야기하고 싶다. 걱정하지 마시라고. 학교에도 아픈 아이를 보살필 전문 의료인이 있다고.

또 다른 서평 문구에는 이런 글이 있다. "보건교사의 업무와 더불어 간호사관학교에 대해 알 수 있어서 뜻깊었던 책이었다. 중간중간에 작가의 보건 업무의 경험과 노하우가 담긴 글들이 있는데 읽으면서 보건교사의 꿈이 더 단단해졌고 '학교에서 유일한 의료인인 보건교사' '보건교사의 존재감은 지금도 상승 중이다'라는 문장에 꿈을 꿀 수 있는 용기를 얻었다." 이 문구는 예비보건 교사가 썼다. 1차 시험에 합격하고 2차 면접 시험을 준비하는 사람이었다. 두렵고 답답하고 내가 지금 가는 길이 정말 맞는가? 라는 생각으로 책을 읽었을 것이다. 현직 보건교사의 다양한 이야기들은 보건교사에 대해 확신을 하게 했다. 평생 보건교사로서 살고 싶은 간절한 욕구를 가지게 했고 보건교사가 된 이후 어떻게 보건교사를 잘 꾸려갈 것인지 벤치마킹의 심정으로 글을 읽었을 것 같다.

　현직 보건교사도 《나는 보건교사입니다》를 읽고 다음과 같은 글을 남겼다. "보건교사의 글쓰기 능력에 관한 중요성에 자극받았습니다. 긍정적 동기부여를 주신 선생님께 감사합니다." 이 보건교사는 보건 업무 현장에서 이제 더는 글쓰기를 외면할 수 없다는 통찰을 가졌다고 보인다. 보건교사의 글쓰기 능력을 나는 강조한다. 학교의 건강을 유지하고 증진하기 위해 예방 교육은 수시로 실시해야 더 효과적이다. 교직원과 학생의 무의식에 학교 질병 예방의 가치와 그 방법을 체화시키기 위해 가장 일상적이면서 수월한 교육 방법이 바로 메시지 글이라 생각한다. 코로나19 확진자는 지금도 발생하고 있다. 마스크 착용은 여전히 중요하다고 강조한다. 23년 3월부터 국가 방역 기관에서는 실내마스크 해제를 알렸지만, 집단으로 모여 있어 감염병에 취약한 학교에서는 방역 기관이 아닌 교육부의 지침에 따라 유동적으로 마스크를 착용 중이다. 실내마스크를 되도록 착용해야 하는 상황들은 학생 간 거리가 매우 가까울 수 있는 실습 위주의 수업을 할 때나 밀집된 상황이면 마스크 착용을 권한다. 또한, 개인적으로 유증상이 있다거나 컨디션이 좋지 않을 때도 역시 착용을 권고한다. 이런 내용은 한 번만 안내하는 것이 아니라 잊어버릴 만할 때 다시 안내한다. 이때는 이전에 보낸 메시지를 조금씩 수정해서 보낸다. 좋은 말이라도 똑같이 들으면 더 지루하기에 변화를 주어 반복적으로 안내한다. 이 작업을 여러 번 되풀이한다. 마스크 관련 내용뿐 아니라 그 외 질병 예방 관련 메시지도 마찬가지다. 이런 메시지가 다 글쓰기이다. 보건교사는 글쓰기를 불편해하거나 두려워해서는 안 된다. 말하듯이 편하게 쓸 수 있을 때 보건 업무가 수월해지고 업무 시간을 줄일 수 있다. 학교 건강 수준도 높아진다.

이제 보건교사도 책으로 말할 시대이다. 교직원들은 업무조정으로 인해 가끔 서로 마음이 불편할 때가 있다. 말로 하다 보면 말실수를 하기도 한다. 부정적 감정이 마음을 치고 오를 때, 우리는 어쩔 수 없이 대화 본연의 목적을 잊어버리고 몰아치는 감정들에 함몰된다. 대화 의도는 뒷전이 되고 어떡해서든 원하는 대로 하고 싶은 조급함이 생겨 협조는 사라진다. 불쾌감만 남을 수 있다. 말보다는 이제 글이다. 글이 유용하다. 글로 보건 업무의 진솔한 모습을 보일 수 있다. 보완하고 변화되어야 할 영역들도 글로 어필할 수 있다. 말보다는 글이나 책으로 상세하게 알릴 수 있는 것이다. 글을 모아 1권의 책으로 엮어보도록 하자. 책으로 예비 보건교사, 현직 보건교사, 학부모, 교사가 보건실의 실상과 보건교사의 바램을 엿볼 수 있고 공감적인 분위기가 조성되어 보건실의 긍정적인 변화가 일어날 계기가 될 수 있다. 결국, 학생들의 소중한 건강에 도움이될 것이다. 보건교사라면, 이제는 책으로 표현하려고 시도해 보길 바란다. 멘토가 있다면 멘토의 도움도 좋다. 다양한 보건실의 삶과 보건교사의 마음을 책으로 써나가길 염원해본다.